SARAH SCHOCKE & ALEXANDER DÖLLE

GRILLEN
FÜR FOODIES & FRIENDS

Grillen

FÜR FOODIES & FRIENDS

SARAH SCHOCKE & ALEXANDER DÖLLE

südwest

OUTDOORCHEF
SWISS GRILL INNOVATION

Inhalt

I Alles Wichtige rund um den Grill S.8

II Auf die Hand S.24

III Stückweise S.56

IV Großes Grillen S.80

V Eat green S.96

VI i-Tüpfelchen S.130

VII Süßes S.174

✗ Warum wir uns sofort in den Gaskugelgrill verliebt haben

Als wir gefragt wurden, ob wir Lust hätten, ein Grillbuch für Foodies & Friends zu machen, haben wir sofort begeistert zugesagt. Wir grillen nämlich sehr gerne, bislang allerdings ausschließlich auf dem Holzkohlegrill. Dieser muss erst einmal lange vorgeheizt werden, und dann kommen die Würstchen doch schon bei viel zu hoher Hitze auf den Grill, weil der Hunger einfach zu groß ist. Wenn alle satt sind, ist die Temperatur gerade perfekt und der Grill noch lange, lange heiß. Und wir denken darüber nach, was wir jetzt noch alles mit der Restwärme hätten grillen können ...

Ganz anders verhält es sich mit dem Gaskugelgrill. Dieser heizt nur fünf Minuten vor, und schon kann es losgehen. Und weil man die Temperatur prima regulieren kann, ist der OUTDOORCHEF nicht nur ein Grill, sondern eine kleine Outdoorküche – nicht nur für den Sommer, den man ohnehin am liebsten dauerhaft im Freien verbringen will, sondern auch zu jeder anderen Jahreszeit. Im Grill backen funktioniert ganz easy mit dem ausgeklügelten Trichtersystem und der Kugelform, die für eine gleichmäßige Hitzezirkulation um das Grillgut sorgt.

Deswegen haben wir in dem Grillbuch nicht nur klassische Grillrezepte und Beilagen, sondern auch Gerichte für die Outdoorküche wie Aufläufe oder Braten. Auch zum Frittieren gehen wir ab sofort ins Freie. Mit dem Barbecue Wok klappt das einwandfrei und unsere Küche bleibt geruchsfrei.

Fazit: Wir sind begeistert vom Gaskugelgrill, auf dem man von Steaks über Brot bis hin zu Donuts verschiedenste Leckereien zaubern kann. Nie wieder zu heiß gegrillte Würstchen – eine echte Innovation!

Wir wünschen euch viel Spaß beim Grillen!

Alex und Sarah

Alles Wichtige
rund um den Grill

Kleine Grillberatung

Wer grillen will, für den steht ganz am Anfang die Frage nach dem richtigen Grill: Gas, Kohle oder gar Elektrik? Mit Holz, Holzkohle oder Briketts? Welches Zubehör brauchen Sie denn unbedingt, was ist praktisch und was eher unnötig? Diese Fragen klären wir hier zunächst, bis wir – in der Theorie – mit dem Anheizen beginnen.

Welcher Grill ist der richtige?

Es gibt viele verschiedene Grillmodelle in allen möglichen Formen, Farben und Größen. Die klassischen stellen wir hier kurz vor. Wer sich dann entweder auf die offene oder geschlossene Variante festgelegt hat, muss nur noch die entscheidende Frage beantworten: Gas oder Kohle?

Offener Grill

Offene Grills sind ganz simple, klassische Modelle mit einem Rost, unter dem die Glut Hitze verbreitet. Das bedeutet, dass das Grillgut nur von einer Seite, meist von unten, erhitzt wird. Außerdem wird es bei hohen Temperaturen unter häufigem Wenden in kurzer Zeit gegart. Indirektes Grillen ist beim offenen Grill nicht möglich.

Geschlossener Grill

Geschlossene Grills zeichnen sich durch einen Deckel aus, den man während des Garens schließen kann. Dadurch entsteht eine gleichmäßige Hitze, die sich um das Grillgut hüllt, sodass man den Grill wie einen Backofen nutzen kann. Lässt man den Deckel offen, kann klassisch gegrillt werden, also bei hoher Hitze in kurzer Zeit. Aber auch das Garen bei geringeren Temperaturen über einen längeren Zeitraum ist dank des Deckels möglich. Nebenbei bemerkt: Garen bei Temperaturen unter 160 °C heißt übrigens nicht mehr Grillen, sondern Barbecue.

Kohlegrill

Der Kohlegrill wird mit Holz, Holzkohle oder Briketts befeuert. Holz bringt charakteristische Aromen, aber auch viel Rauch und hohe Flammen mit sich. Es dauert lange, bis es so weit heruntergebrannt ist, dass man schließlich über der heißen Glut grillen kann. Dennoch steckt in dieser uralten Methode durch die knackenden Holzscheite und die lodernden Flammen ein gewisser Zauber. Holzkohle ist vorgebranntes Holz. Sie sorgt für weniger Rauch und Flammen und führt schneller zur gewünschten Glut. Briketts sind gepresste Holzkohlestücke. Sie enthalten zudem eine praktische Anzündhilfe und sind der schnellste Weg zu einer gleichmäßigen, flachen Glut.

Der Kohlegrill ist die traditionelle Form des Grillens. Man braucht Zeit und Geduld, bis die Glut gleichmäßig und heiß genug ist. Und man benötigt etwas Übung, wenn es ans Anzünden geht. Wer die Temperatur über eine gewisse Zeit halten oder diese reduzieren will, braucht auch dafür Erfahrung, denn man kann nicht einfach an einem Rädchen drehen. Belohnt wird man hinterher – so sagen die Kohlegrill-Liebhaber – mit dem speziellen rauchigen Aroma, das durch das Feuer ins Gargut dringt. Kohlegrills gibt es häufig als offene und immer öfter auch als geschlossene Varianten.

Gasgrill

Der Gasgrill ist weitaus unkomplizierter als ein Kohlegrill. Das Anzünden und die Temperaturregulation handhabt man einfach über ein Drehrädchen. Der Gasgrill ist sehr schnell heiß und die Temperatur lässt sich einfach halten und regulieren. Dadurch ist es möglich, über einen längeren Zeitraum Gerichte bei konstanter Temperatur zu garen. Für 5-6 Stunden intensives Grillvergnügen reicht eine kleine (5 Kilogramm) Gasflasche. Hinterher müssen im Gegensatz zum klassischen Kohlegrill keine Kohlereste entsorgt werden. Gasgrills gibt es häufig als geschlossene, aber auch als offene Grills.

Elektrogrill

Der Elektrogrill funktioniert ähnlich wie ein Gasgrill, nur benötigt er Strom aus der Steckdose. Deshalb ist er für das Grillen im Grünen, weit weg von jedem Stromanschluss, nicht geeignet. Für das Grillen auf dem Balkon ist er jedoch prädestiniert: Keine Flammen, kein Rauch – das dürfte niemanden stören. Meist sind Elektrogrills offene Grills, es gibt aber auch ein Modell mit Deckel, das schneller aufheizt.

Tool Check: Welches Zubehör brauchen Sie?

Haben Sie sich erst einmal für einen Grill entschieden, brauchen Sie natürlich auch Zubehör. Von Handschuhen und Grillzangen über Pizzasteine und Barbecue Woks bis hin zu Maishaltern und Silikonpinseln gibt es alles, was das Herz begehrt. Einerseits ist das gut, findet man doch immer wieder ein schönes Geschenk für Grill-Liebhaber in der schier unendlichen Welt des Grillequipments. Andererseits fragen Sie sich vielleicht als Einsteiger: Was ist wirklich nötig, um gleich loslegen zu können? Oder Sie möchten etwas Neues ausprobieren, wissen aber gar nicht, was zum Beispiel eine Plancha-Grillplatte ist und was Sie genau damit machen. Darum gibt es von uns den Tool-Check.

✗ Must-haves: Die Grundausstattung

Lederhandschuhe

Wer am Grill arbeitet, kommt mit heißen, teilweise auch sehr heißen Temperaturen und Zubehörteilen in Kontakt. Wer beispielsweise mehrere Gänge zubereiten möchte und dafür das Trichtersystem des OUTDOORCHEF-Grills nutzt, muss für den Wechsel zwischen direkter und indirekter Hitze kurzzeitig den heißen Rost herausnehmen. Am besten geschieht das mit guten Grillhandschuhen, die hohe Temperaturen ab- und aushalten, oder mit silikonbeschichteten Baumwoll-Grillhandschuhen, die bis 250 °C hitzebeständig sind. Diese sind angenehm zu tragen und ermöglichen zudem ein besseres Greifen.

Zange

Der Standard, wenn es ums Grillen geht: die Zange. Sie dreht Würstchen, wendet Gemüsespieße und Steaks und ist unabdingbar beim Grillen und beim Barbecue. Die Zange sollte möglichst lang sein, damit Sie nicht zu dicht an die Hitzequelle heranrücken müssen. Es ist wichtig, dass Sie die Zange gut greifen können, und sie sollte einfach zu reinigen sein.

Wender

Beilagen wie Kartoffelspalten müssen ab und zu mal gewendet werden. Dafür braucht man einen Wender. Der klassische Pfannenwender aus der Küche tut es auch. Wender für den Grill sind noch etwas länger, haben eine breite Hebefläche und sind häufig aus Edelstahl. Damit lässt sich auch das Grillgut bequem und sicher vom Grill nehmen.

Spieße

Wer sein Grillgut gerne aufspießt, wie etwa Gemüse, Käse oder Fleisch, kann die ganz klassischen Holzstäbchen aus dem Supermarkt verwenden. Am besten vorher in Wasser legen, damit sie kein Feuer fangen. Es gibt aber auch lange Spieße aus Edelstahl für den Grill. Diese lassen sich gut reinigen und immer wieder verwenden. Außerdem haben sie einen Griff am Ende, der das Abstreifen von Gemüse, Käse oder Fleisch vereinfacht.

Grillschale

Grillschalen kann man an jeder Ecke kaufen. Sie sind häufig aus Aluminium und nur für den einmaligen Gebrauch vorgesehen. Es gibt aber auch beschichtete Schalen, zum Beispiel aus Emaille oder aus Gusseisen. Diese Schalen sind vielfältig einsetzbar: Für Beilagengemüse und Kartoffeln, zum Braten auf dem Grill, als Pfanne, für Aufläufe, Gratins, Kuchen, Gemüse- oder Fischpäckchen ... Aus dem OUTDOORCHEF-Sortiment eignen sich die Halbmond-Gourmet-Schalen oder die Aroma Pfanne für sehr viele Gerichte.

Thermometer

Es gibt verschiedene Methoden, um herauszufinden, ob das Fleisch gar ist. Am sichersten ist die Überprüfung mit einem Thermometer. Vor allem beim indirekten Garen bei niedrigen Temperaturen ist es entscheidend, die Kerntemperatur zu kennen, um das Fleisch perfekt gegart servieren zu können. Dabei hilft ein Thermometer, das in das Fleisch gesteckt wird und so konstant die Temperatur überwacht. Neue Modelle messen nicht nur die Kern-, sondern auch die Umlufttemperatur. Damit wird Garen auf den Punkt zum Kinderspiel. Bei OUTDOORCHEF gibt es einmal das Gourmet Check, ein Grundmodell mit Display, und das Gourmet Check DUAL BT. Letzteres übermittelt die Temperatur per App sogar auf digitale Medien, zum Beispiel das Mobiltelefon. Per Alarm zeigt das mobile Medium das Erreichen der Kerntemperatur an oder warnt vor zu heißer Umgebungstemperatur. So können Sie mit Freunden entspannt Gartenfeste feiern und sich sicher sein, dass das Grillgut auf den Punkt gar wird. Zudem erlaubt die App spezielle Voreinstellungen für verschiedene Fleischsorten und Garpunkte, die individuell auf das jeweilige Fleisch und Ihre Vorlieben, wie zum Beispiel medium oder well done eingestellt werden können.

Grillbürste

Putzen gehört zum Grillen dazu, wird aber häufig beim Kaufen von Grillequipment vernachlässigt. Eine gute Grillbürste zur Rostreinigung ist eine sehr sinnvolle und lohnende Investition. Es eignen sich Bürsten mit Messing- oder Stahlborsten. Für emaillierte Zubehörartikel sind jedoch weiche Messingbürsten empfehlenswert, da Stahlborsten das Emaille beschädigen können. Im Fachhandel sind spezielle Grillbürsten erhältlich. Natürlich kann man auch den Edelstahlschwamm aus dem Supermarkt nehmen. Dieser reicht aber meist nur für eine Reinigung und muss dann entsorgt werden. Von OUTDOORCHEF gibt es zudem eine spezielle Bürste, um den Trichter zu reinigen sowie den Grillreiniger Chef Cleaner, ein sehr wirksamer Kraftschaum.

Zusatzausstattung

Plancha Grillplatte

Plancha kommt aus dem Spanischen und bedeutet so viel wie „Grillen auf der Platte", denn die Spanier haben das Grillen auf einer über 300 °C heißen eisernen Grillplatte erfunden. Die Plancha-Platte eignet sich, um kleines Grillgut wie Gambas oder Garnelen, Hähnchenflügel oder Gemüsestücke anzubraten. Diese werden, das ist eine Besonderheit der Platte, mit reichlich Marinade übergossen. Durch die hohen Temperaturen verdampft die Flüssigkeit, das Grillgut „schwebt" auf der Marinade und wird somit schonend und rasch gegart. Die Plancha Grillplatte von OUTDOORCHEF ist aus Gusseisen.

Barbecue Wok

Wer im Sommer gerne draußen kocht und nach Abwechslung sucht, für den ist ein Wok für den Grill das Richtige. Aber nicht nur typische asiatische Wokgerichte finden darin ihren Platz. Auch sämtliche Pfannengerichte mit Kartoffeln oder Gemüse klappen damit hervorragend. Wer gerne frittiert, das aber des Geruchs wegen in der Wohnung nicht macht, kann ab jetzt nach draußen umziehen und auf dem Grill Frühlingsrollen, Pommes, Kreppel oder Donuts frittieren.

Pizzastein

Früher oder später stolpert jeder Outdoor-Koch darüber – über einen Pizzastein. Wer Pizza liebt, für den ist das eine lohnende Investition. Das A und O ist dabei, den Stein richtig heiß werden zu lassen und den Grill etwa zehn Minuten bei höchster Stufe vorzuheizen. Der Stein muss direkt zum Aufheizen bereits in den Grill gelegt werden. Nur dann gibt es ein gutes Ergebnis. Denn aufgrund von zu hohen Temperaturschwankungen, beispielsweise bei einem kalten Stein auf dem heißen Grill, könnte der Stein gesprengt werden. Ist der Stein zu kalt, bleibt die Pizza daran kleben und es dauert Monate, bis die eingebrannten Teigreste nicht mehr rußen. Kleiner Trick: Sie können auch ein Stück Backpapier auf den Stein legen. Das Ergebnis ist das Gleiche, aber der Boden bleibt garantiert nicht am Stein kleben. Achten Sie beim Kauf auf die Maße. Ist der Stein nicht zu groß, passt er auch in Ihren Backofen und Sie können auch indoor tolle Pizzen backen. Eine Pizzaschaufel ist dafür ganz praktisch.

Dutch Oven

Der Dutch Oven ist ein gusseiserner, dickwandiger Topf mit Deckel, der auch Feuertopf genannt wird. Er ist in der Outdoorküche beliebt, weil man ihn direkt über das offene Feuer hängen kann. So wird etwa in Ungarn traditionell Gulasch gegart. Sie können ihn auch direkt in die Glut setzen und glühende Kohlen auf den Deckel legen, so kommt die Wärme von allen Seiten. Aber auch auf dem Gasgrill funktioniert der Durch Oven prima. Seine dicken Wände haben gute Wärmespeichermöglichkeiten, sodass viele Zubereitungsarten wie Schmoren, Kochen oder Backen möglich sind. Man kann im Dutch Oven tolle Brote und sogar Kuchen backen. Für den Backofen selbst ist der Dutch Oven ebenfalls geeignet.

Burgerpresse

Wer Burger liebt und häufig zubereitet, für den macht eine Burgerpresse Sinn. Warum? Weil dann alle Pattys gleichmäßig groß und dick werden und damit also auch zur gleichen Zeit gar sind. Das können Sie zwar auch mit der Hand hinbekommen, es dauert aber deutlich länger und sieht trotzdem nicht so schön gleichmäßig rund aus.

Holzplanke

Auf der Holzplatte aus Zeder oder Erle werden Gemüse-, Fleisch- und Fischstücke gegart. Das Holz gibt sein Aroma an das Fleisch oder Gemüse weiter, was vor allem bei Stücken mit einem zarten Eigengeschmack einen Effekt hat. Nichts fällt durch den Grillrost oder bleibt daran kleben. Sie können das Grillgut direkt auf der Platte fertig anrichten und servieren – das macht etwas her! Die Platte muss vorab 30 bis 60 Minuten gewässert werden, damit sie kein Feuer fängt.

Universal Rack

Spareribs, ganze Fische, große Fleischstücke – sie alle garen perfekt mit dem Universal Rack aus Edelstahl. Sie können die Stücke aufrecht hinstellen und die Hitze zirkuliert gleichmäßig um das Fleisch. Die Auffangschale sorgt dafür, dass der Bratensaft nicht verloren geht und Sie diesen weiterverwenden können. Sie muss aber nicht eingesetzt werden.

Räucherchips

Früher oder später kommt kein Grill-Liebhaber mehr an dem Thema vorbei: selbst räuchern. Dafür brauchen Sie einen geschlossenen Grill und etwas Zubehör, zum Beispiel Räucherchips. Je nach Holzsorte verbindet sich ein anderes Aroma mit der Rauchnote. Von OUTDOORCHEF gibt es Apfel, Kirsche, Erle und Eiche. Räucherchips geben Sie gewässert in eine Räucherbox auf den Gasgrill (siehe unten). Auf dem Kohlegrill können die Chips auch ohne Box direkt auf einen Teil der Kohle gelegt werden.

Räucherbox

Die feuchten Räucherchips und gegebenenfalls Kräuter und Gewürze kommen in eine Räucherbox. Die Box von OUTDOORCHEF eignet sich sowohl für den Gas- als auch den Holzkohlegrill. Wer Räuchern erstmalig ausprobieren möchte, kann auch auf eine fertig gefüllte Räucherbox aus Aluminium zurückgreifen.

Grillen und Räuchern

Grillen und Räuchern gehören zu den ursprünglichsten Formen der Nahrungszubereitung. Liegt heutzutage nur noch beim Grillen über dem offenen Feuer ein Hauch von Abenteuer in der Luft, hat Räuchern immer noch etwas Archaisches. Beides geht ganz bequem auf dem Gasgrill.

Direktes und indirektes Grillen

OUTDOORCHEF hat sich für das direkte und indirekte Grillen etwas Besonderes ausgedacht: Sie haben ein Trichtersystem in ihren Gaskugelgrill integriert, durch welches je nach Rezept oder Grillvorhaben ein schnelles und unkompliziertes Wechseln zwischen zwei Positionen ermöglicht wird. Die meisten Rezepte in diesem Buch sind so ausgelegt, dass Sie nicht während des Grillens wechseln müssen. Sollten Sie aber die Einstellung verändern müssen, tragen Sie unbedingt hochwertige Grillhandschuhe und benutzen Sie einen Heber, damit Sie sich nicht verbrennen.

1 Direkte Hitze

Bei direkter Hitze wird bei hohen Temperaturen gegrillt. So bekommen Gemüse und Fleisch ein schönes Grillmuster, wenn sie auf dem Rost liegen. Sie können die Zutaten scharf anbraten und für kräftige Röstaromen sorgen. Der Trichter ist dafür nach unten gedreht, die kleinere Öffnung zeigt nach oben (Vulkanstellung). In dieser Stellung kann Zubehör wie der Barbecue Wok mit Aufsatz oder die Plancha Grillplatte direkt auf die Halterungen am Rand des Trichters gesetzt werden.

Der Gusseisen Grillrost Diamond kann in beiden Positionen genutzt werden, ist aber so konzipiert, dass er keine direkte Hitze benötigt. Soll scharf angebraten werden, ist es ausreichend, den Grill samt Rost für zehn Minuten auf 350 °C vorzuheizen. Ansonsten bekommen Sie auch bei indirekter Hitze ein perfektes Grillmuster, ohne dass das Fleisch ein einziges Mal gewendet werden muss.

Direkte Hitze auf einem Gasgrill einzustellen ist unkompliziert: einfach alle Brenner auf die gewünschte Temperatur einstellen, zum Beispiel großer Brenner/Stufe 3 (etwa 320–350 °C), und dann das Grillgut direkt über die Flamme legen.

2 Indirekte Hitze

Bei indirekter Hitze garen Fleisch und Co. länger bei niedrigeren Temperaturen. Der Deckel ist dabei geschlossen und die Hitze verteilt sich auf diese Weise gleichmäßig im Grill – ähnlich wie bei einem Umluftbackofen. Daher kann man bei indirekter Hitze auch Brot und Kuchen backen oder Braten schmoren. Bei OUTDOORCHEF wird dazu der Trichter mit der großen Öffnung nach oben gedreht. Bei anderen Gasgrills schalten Sie einfach einen Brenner aus (den hinteren oder den mittleren) und legen das Gargut über den ausgeschalteten Brenner.

Räuchern

Heißräuchern im Kugelgrill gibt Fleisch, Fisch und Gemüse eine besondere geschmackliche Note. Dafür benötigen Sie Räucherchips aus Hartholz (zum Beispiel Kirsche, Erle, Eiche, Apfel), pro Räucherdurchgang etwa eine Handvoll. Diese geben Sie in eine Schale mit Wasser und lassen Sie mindestens eine Stunde einweichen.

Zum Heißräuchern auf einem Gasgrill benötigen Sie nun eine Räucherbox, in die Sie die gewässerten und abgetropften Chips einfüllen (siehe Seite 15). Diese Räucherbox wird über einen Brenner gehängt und dadurch zum Glimmen gebracht. Beim OUTDOORCHEF Gaskugelgrill wird die befüllte Räucherbox unterhalb des Trichters gehängt, der fürs indirekte Grillen mit der breiten Öffnung nach oben eingesetzt wird.

Das Räuchergut wird bei indirekter Hitze geräuchert. Es soll schließlich zunächst zwar heiß geräuchert, aber nicht gegrillt werden. Das Heißräuchern geschieht bei Temperaturen zwischen 60 °C und 120 °C und lässt sich über die Einstellung des Brenners regeln. Wird gleichzeitig geräuchert und gegrillt, beträgt die Temperatur zwischen 120 °C und 175 °C.

Die gefüllte Räucherbox mit Aufhängung in die Grillkammer (unter den Trichter, nicht über den Lüftungsschlitzen) hängen. Die Box auf höchster Temperatur einheizen: indirekte Hitze/Stufe 3/großer Brenner/geschlossener Deckel, bis nach etwa zehn Minuten eine starke Rauchbildung entsteht. Dann die Hitze reduzieren, den kleinen Brenner ein- und den großen Brenner ausschalten. Den Deckel kurz öffnen, damit die Hitze entweichen kann. Schließlich das Räuchergut mit Abstand zum Rand auf den Grillrost legen und den Deckel schließen. Aus den Lüftungsschlitzen des geschlossenen Grills steigt nun starker Rauch auf.

Je nach eingestellter Temperatur reicht eine Handvoll Räucherchips für 30 bis 45 Minuten Rauch. Der Vorgang kann, abhängig von der Art der Räuchergutes, beliebig oft wiederholt werden. Dazu muss das Räuchergut lediglich vom Grill genommen und es müssen erneut Räucherchips in die Box nachgefüllt werden. Je nachdem, ob alle Chips verbrannt sind, muss das Anglimmen wie oben beschrieben wiederholt werden. 250 Gramm Forelle räuchert etwa 1 Stunde 30 Minuten bei 90 °C, 400 Gramm Schweinebauch etwa vier Stunden bei 100 °C.

Für den Gaskugelgrill eignen sich Räucherchips. Beim Holzkohlegrill können Holzchips oder Holzstücke direkt auf die Kohle gegeben werden. Stücke brennen und rauchen länger als Räucherchips. Räuchermehle kommen vor allem beim Kalträuchern in Räucheröfen, -schränken oder im Smoker zum Einsatz, aber auch zum Heißräuchern.

Warenkunde

Auf dem Grill landet das, was gefällt und schmeckt. Der Fantasie sind keine Grenzen gesetzt: angefangen bei klassischen Bratwürstchen, Steaks, Spießen oder Grillkäse über ganze Fische, Rollbraten, Gemüsepäckchen bis hin zu Aufläufen, Broten und Kuchen.

Etwa eine Stunde vor dem Grillen nehmen Sie Fleisch, Fisch, Geflügel und Co. aus dem Kühlschrank und lassen es Raumtemperatur annehmen. Dadurch verhindern Sie, dass beim Anbraten das Fleisch außen gar und innen roh ist.

Rind und Kalb

Für direkte Hitze:
- Steaks, zum Beispiel Porterhouse, T-Bone, Rib-Eye, Entrecôte, Onglet
- Steaks aus Filet, Lende, Bauch, Hals, Schulter vom Kalb (bei großen Fleischstücken jedoch immer indirekte Hitze einsetzen)
- Burgerpattys

Für indirekte Hitze:
- Filet, Braten, Brust
- Spareribs

Exkurs: Burger grillen

Sie benötigen Fleisch mit einem Fettgehalt von mindestens 20 Prozent, damit der Burger schön saftig wird. Schulter und Nacken eignen sich gut. Es sollte aber auch nicht zu viel Fett sein, sonst fällt der Patty leicht auseinander. Lassen Sie das Hackfleisch direkt beim Metzger frisch durchdrehen. Das ist dann besonders wichtig, wenn Sie Ihren Burger nicht ganz durchbraten, sondern medium bevorzugen. Am besten setzen Sie die Burgerpresse ein. Sie formt die Pattys gleichmäßig mit der idealen Dicke, sodass sie eine schöne Kruste bekommen und innen saftig bleiben.

Vor dem Grillen legen Sie die Pattys für mindestens 30 Minuten in den Kühlschrank. Dort werden sie fester und lassen sich dann besser braten. Vor dem Bratvorgang formen Sie mit der Rückseite eines Esslöffels eine Mulde ins Fleisch. Diese bewirkt, dass die Pattys sich beim Grillen nicht aufblähen, sondern ganz flach bleiben. Burgerpattys braten Sie bei direkter Hitze und geschlossenem Deckel. Sie sollten sie nur einmal wenden und vor dem Verzehr fünf Minuten mit Alufolie abgedeckt ruhen lassen.

Exkurs: Steaks grillen

Lassen Sie Steaks vor dem Grillen Zimmertemperatur (20 °C) annehmen. Das dauert etwa eine Stunde. Massieren Sie Öl in das Fleisch, salzen, pfeffern und würzen Sie es nach Belieben. Dann wird es bei direkter Hitze gegrillt. Ist das Steak besonders dick (mehr als 2,5 cm), braten Sie es bei direkter Hitze von beiden Seiten an und garen es bei indirekter Hitze fertig. Wenden Sie das Steak mit einer Zange oder einem Wender, damit das Fleisch keine Löcher bekommt und dadurch Saft verliert. Vor dem Essen sollte das Steak noch fünf Minuten mit Alufolie abgedeckt ruhen. Dadurch steigt die Kerntemperatur nochmals an.

Es ist wichtig, dass Sie Ihr Steak rechtzeitig vom Grill nehmen, sonst verliert es Flüssigkeit und wird zu trocken. Zu rohe Steaks können Sie noch einmal drauflegen. Trockene Steaks aber werden nicht mehr saftig. Um festzustellen, ob das Steak gar ist, gibt es verschiedene Methoden. Am sichersten ist das Grillthermometer. Stechen Sie es genau in die Mitte des

Steaks. Bei einer Kerntemperatur von etwa 60 °C ist es medium, also rosa. Eine andere Methode ist der Fingerballen-Test. Drücken Sie Daumen, Zeige- und Mittelfinger aneinander und fühlen Sie Ihren Daumenballen. So fest fühlt sich ein medium gebratenes Steak an. Sie können auch einen kleinen Schnitt auf der Steak-Unterseite machen und die Farbe prüfen. Ist es rosa? Dann runter vom Grill und ab auf den Teller damit!

Exkurs: Braten auf dem Grill

Parieren Sie Braten aus dem Rinderfilet, indem Sie größere Fetteinlagerungen und Sehnen entfernen. Binden Sie das Fleisch dann quer alle fünf Zentimeter straff mit Küchengarn zu, sodass der Braten eine gleichmäßige Form bekommt. Das vordere und hintere Ende jeweils umklappen, damit eine gerade Kante entsteht. Binden Sie diese ebenfalls mit Küchengarn zu und trennen Sie die losen Enden des Garns ab. Den Braten fetten und würzen, im Kühlschrank marinieren lassen und eine Stunde vor dem Braten Raumtemperatur annehmen lassen. Den Braten über direkter Hitze anbraten und dem Rezept entsprechend fertig garen. Nach dem Grillen mit Alufolie zudecken, damit die Kerntemperatur nicht zu schnell ansteigt, und vor dem Verzehr zehn Minuten ruhen lassen.

Für einen Rollbraten die Füllung gleichmäßig auf dem Fleisch verteilen. Dabei an den Seiten etwa zwei Zentimeter und am oberen und unteren Ende etwas mehr frei lassen. Das Fleisch vom unteren Ende gleichmäßig straff aufrollen und alle zwei Zentimeter mit einem Stück Küchengarn zubinden. Die losen Enden des Garns abtrennen. Den Braten einölen und salzen und bei indirekter Hitze und geschlossenem Deckel bis zu einer Kerntemperatur von etwa 60 °C garen. Nach dem Grillen mit Alufolie zudecken, damit die Kerntemperatur nicht zu schnell ansteigt, und vor dem Verzehr zehn Minuten ruhen lassen.

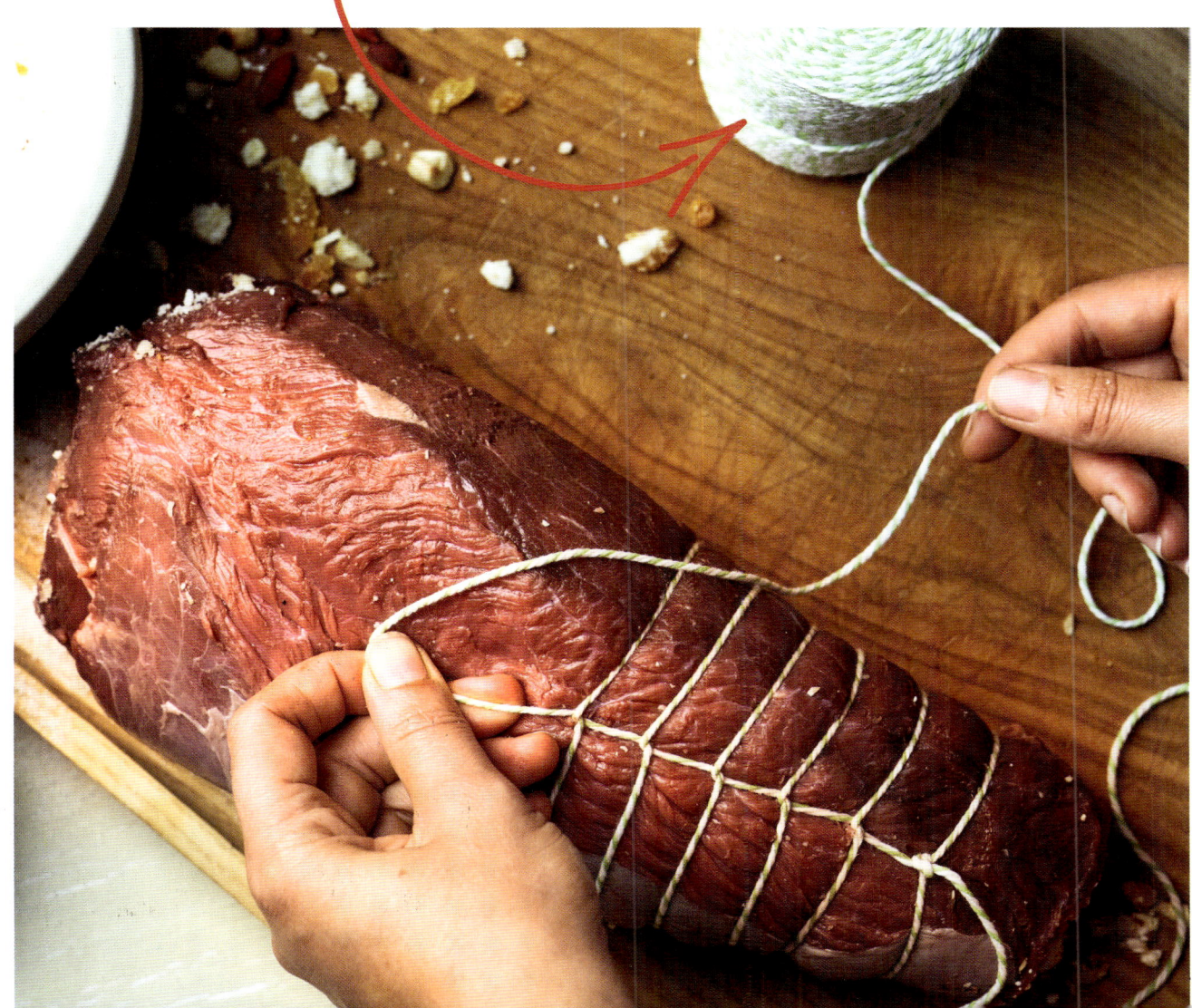

Geflügel

Für direkte Hitze:
- Brustfilet (ausgelöst)
- Schenkel
- Flügel (Chickenwings)
- Putenbrust (ausgelöst)

Für indirekte Hitze:
- Hähnchenfleisch (bis auf Ausnahmen, s.o., Grillplatte bzw. Plancha Grill verwenden)
- Hähnchenbrust und -fleisch am Knochen
- Ganzes Hähnchen
- Ganze Ente

Exkurs: Geflügel grillen

Geflügelfleisch ist in der Regel mager und sollte vor dem Grillen mit einer fetthaltigen Marinade überzogen werden, damit das Fleisch schön saftig bleibt.

Fisch

Für direkte Hitze:
- Filet
- Steak
- Fischwürfel am Spieß
- Meeresfrüchte (Garnelen, Muscheln)

Für indirekte Hitze:
- Ganze Fische

Exkurs: Fisch grillen

Einsteiger sollten zu festfleischigen, fettreichen Fischen wie Lachs oder Thunfisch greifen. Diese lösen sich leichter vom Rost. Fische sollten kürzer als Fleisch mariniert und gegrillt werden. Ähnlich wie beim Burger-Grillen geben Sie dem Fisch hohe Hitze bei geschlossenem Deckel, dann bekommt er eine Kruste und lässt sich leichter vom Grill lösen. Wenden Sie ihn nur einmal und grillen Sie die zweite Seite kürzer als die erste. Eine andere Möglichkeit ist, den Fisch auf dem Zedernbrett zu garen: kein Anhaften und feines Raucharoma vom Holz inklusive.

Schwein

Für direkte Hitze:
– Steaks aus Filet, Lende, Schulter, Schinker (bei großen Fleischstücken jedoch immer indirekte Hitze einsetzen)
– Koteletts
– Burgerpattys
– Würstchen

Für indirekte Hitze:
– Braten (Rippe, Lende, Schinken)
– Spareribs

Exkurs: Spareribs grillen

Massieren Sie die Würze gründlich in das Fleisch ein. Dann lassen Sie es im Kühlschrank etwa 12 Stunden marinieren. Im Rib-Halter (Universal Rack) können Sie gleichzeitig mehrere Rippchen auf den Grill stellen. Wechseln Sie immer wieder die Position, damit das Fleisch gleichmäßig bräunt. Ribs garen Sie über mehrere Stunden bei indirekter, kleiner Hitze und geschlossenem Deckel. Das Fleisch sollte sehr zart sein, sodass es sich leicht löst, wenn Sie die Ribs auseinanderbiegen. Wickeln Sie die Ribs, nachdem sie eine Kerntemperatur von 71 °C erreicht haben, in Alufolie und lassen Sie sie vor dem Servieren zehn Minuten ruhen. Spareribs können Sie sowohl aus Schweine- als auch aus Rindfleisch (Beefribs) zubereiten.

Gemüse

Gemüse sollten Sie vor dem Grillen marinieren, bevor es in Schalen, Päckchen oder am Spieß auf den Grill kommt. Nahezu alle Gemüsesorten garen bei direkter Hitze und bekommen dadurch Röstaromen und ein schönes Grillmuster. Kombinieren Sie Gemüse mit hitzebeständigen Kräutern wie Rosmarin oder Thymian, mit Gewürzen wie Garam Masala oder Muskatnuss oder würzen Sie am Schluss mit frischen Kräutern wie Basilikum, Petersilie, Dill oder Schnittlauch. Immer erst ganz am Schluss salzen, sonst wird das Gemüse schnell zu weich. Trauen Sie sich ruhig an nicht so geläufige Sorten heran. Auch Salat- oder Kohlviertel können Sie grillen. Gut schmecken auch halbierte Avocados oder ganze Radieschen vom Grill.

Rubs, Marinaden & Co.

Marinaden, Saucen und Rubs sind das i-Tüpfelchen beim Grillen und sorgen für immer neue Geschmackserlebnisse, Saftigkeit und volle Aromen. Rubs sind trockene Würzmischungen, die neben Kräutern auch Gewürze sowie häufig Salz und Zucker enthalten. Das Fleisch wird vor dem Grillen damit gleichmäßig bestreut und der Rub wird angeklopft, sodass die Aromen der Würzmischung sich mit dem Fleischsaft verbinden können. Zu viel Zucker kann unerwünschte Bitternoten hervorbringen. Kleine Fleischteile wie Steaks, Spieße oder Meeresfrüchte benötigen eine kürzere Einwirkzeit. Große Stücke wie Braten oder Ribs sollten bis zu 12 Stunden im Voraus mariniert und gesalzen werden. Durch das Salzen tritt Flüssigkeit aus, die sich mit den Aromen der Marinade bzw. der Rubs verbinden. Rubs verleihen dem Fleisch eine wunderbar würzige Kruste.

Marinaden enthalten neben den trockenen Zutaten der Würzmischung zusätzlich Öl und je nach Rezept und Belieben andere Flüssigkeiten wie Honig, Sojasauce, Zitronensaft oder Alkohol. Marinaden wirken ähnlich lange ein wie die Würzmischungen. Einige tragen Sie am besten während des Garens auf dem Grill auf, zum Beispiel beim Pulled Pork.

Saucen werden zum Grillgut und den Beilagen serviert. Typische Saucen sind Ketchup, Barbecue Sauce oder Mayonnaise. Denkbar sind auch Pesto, Salsa, Guacamole. Saucen begleiten sowohl Fleisch und Fisch wie auch Gemüse, Beilagen und Brot. Sie unterstützen den Geschmack und runden das ganze Gericht ab. Sie können auch als Dip ganz für sich alleine stehen.

Sicherheit & Hygiene

Wer gerne grillt, sollte sich nicht nur mit Rezepten, Lebensmitteln und Zubehör auseinandersetzen, sondern auch Kenntnisse zu Sicherheit und Pflege seines Gerätes erwerben.

✗ Sicherheit

Grillen mit Gas löst bei manchen ein mulmiges Gefühl aus. Das ist jedoch nicht nötig. Solange Sie die grundlegenden Regeln beachten, ist Grillen mit Gas nicht gefährlicher als Grillen mit Holzkohle.

– Kontrollieren Sie, ob die Gasflasche richtig angeschlossen ist, bevor Sie den Zünder betätigen.
– Ist der Schlauch intakt? Sind die Anschlüsse dicht?
– Öffnen Sie den Deckel zum Anzünden und neigen Sie sich nicht über den Rost. Läuft der Grill, schließen Sie den Deckel zum Vorheizen.
– Benutzen Sie gute Grillhandschuhe, denn der Grill kann sehr heiß werden.
– Denken Sie daran, nach dem Grillen nicht nur die Flamme auszustellen, sondern auch das Gasventil an der Gasflasche zuzuschrauben.

Was tun, wenn's brennt?

Fettbrände sind selten. Sie entstehen meist dadurch, dass Marinade oder Bratensaft durch den Rost tropft, sodass eine Stichflamme entsteht. Da eine zu volle Fettwanne dieselbe Folge haben kann, ist die regelmäßige Entleerung und Reinigung von Fettpfanne und Grill unerlässlich. Wenn Fettrückstände Stichflammen erzeugen, legen Sie das Grillgut an eine andere Stelle, drehen Sie das Gas ab und schließen Sie den Deckel vom Grill. Meist ist nach kurzer Zeit das Fett verbrannt und die Flammen gehen zurück.

Bei einem größeren Brand löschen Sie mit einer Löschdecke oder einem Feuerlöscher für Fettbrände. Nie Wasser oder Mehl einsetzen, das kann zu einer Explosion führen. Alle Modelle von OUTDOORCHEF haben in Form des Trichtersystems einen Schutzschild eingebaut, der Fettbrand sowie Rauchentwicklung vollständig verhindert.

Hygiene ✗

Achten Sie darauf, Fleisch und andere rohe empfindliche Lebensmittel wie etwa Mayonnaise erst kurz vor der Zubereitung bzw. dem Servieren aus dem Kühlschrank zu holen. Legen Sie gegartes Fleisch nicht auf den Teller zurück, auf dem Sie es zuvor roh liegen hatten. Fleischsaftrückstände können Bakterien über das gegarte Fleisch auf Saucen und Salate übertragen.

Ansonsten gelten die gleichen Hygieneregeln wie in der Küche: gründlich Hände waschen, rohes Fleisch und Gemüse mit getrennten Brettchen, Messern und Tellern bearbeiten, gereinigte Kochutensilien benutzen, getrennte Handtücher für Lebensmittel und Hände verwenden.

Nach jedem Grillen sollten Sie den Rost mit einer Bürste reinigen. In den Lebensmittelresten, die an den Stäben haften bleiben, können sich Bakterien vermehren, die beim nächsten Grillen in das Gargut übergehen. Außerdem löst sich das Grillgut vom sauberen Rost einfacher. Erhitzen Sie den Grill auf 260 °C und reinigen Sie den Grillrost mit einer Grillbürste mit langem Stiel. Vergessen Sie die Handschuhe dabei nicht.

Auf die Hand

x

Currywurst

**FÜR 4 PORTIONEN
ZUBEREITUNGSZEIT:
25 MINUTEN**

- 2 Schalotten
- 75 g Zucker
- 50 ml Apfelessig
- 1 Dose stückige Tomaten (Füllgewicht 400 g)
- 3 TL Currypulver
- 4 Bratwürste

ZUBEHÖR:

- *Aroma Pfanne, Grillrost Diamond*

— Die Aroma Pfanne auf den Grillrost Diamond stellen und 10 Minuten vorheizen: indirekte Hitze/Stufe 3 (etwa 320–350 °C)/großer Brenner/geschlossener Deckel. Währenddessen die Schalotten schälen, grob hacken und mit Zucker, Essig und Tomaten in einen hohen Rührbecher geben. Mit dem Stabmixer glatt pürieren.

— Den Deckel öffnen, das Currypulver in die Aroma Pfanne geben und etwa 1 Minute unter ständigem Rühren rösten. Dann die Tomatenmasse hinzufügen, Deckel schließen, aufkochen und die Hitze auf Stufe 2 (etwa 220–240 °C) reduzieren. Zwischendurch umrühren und für 12–15 Minuten bei geschlossenem Deckel einkochen lassen.

— Nach etwa 5 Minuten die Würste rund um den Rand des Rosts aufreihen und knusprig braun grillen. Die Aroma Pfanne und die Würste vom Grill nehmen. Die Würste in Stücke schneiden und in die Sauce geben. Die Currywürstchen auf Schälchen verteilen und servieren.

Pitataschen
MIT FETACREME UND GEGRILLTEM GEMÜSE

**FÜR 4 PORTIONEN
ZUBEREITUNGSZEIT:
35 MINUTEN**

- 40 g frischer Blattspinat
- 1 große rote Paprikaschote (ca. 300 g)
- 400 g Spitzkohl
- 30 ml Olivenöl
- Salz
- 20 g Petersilie
- ½ Bio-Zitrone
- 100 g Feta
- 10 g Honig
- 1 EL Naturjoghurt (3,5 % Fett)
- schwarzer Pfeffer aus der Mühle
- 4 Pitataschen

ZUBEHÖR:
- *Grillrost Diamond*

— Den Spinat waschen und trocken schütteln. Die Paprikaschote längs halbieren, entkernen und waschen. Die Blätter vom Spitzkohl abziehen, waschen, die Blattrippen flach abschneiden und die Blätter mit Olivenöl und ½ TL Salz mischen.

— Den Grill mit dem gusseisernen Rost 10 Minuten vorheizen: indirekte Hitze/Stufe 2 (etwa 220–240 °C)/großer Brenner/geschlossener Deckel. Die Petersilie waschen, trocken schütteln und grob hacken. Die Zitrone waschen, trocken reiben und die Schale abreiben. Zitrone und Petersilie mit Feta, Honig und Joghurt in einen hohen Rührbecher geben. Die Zutaten mit dem Stabmixer zu einer feinen Creme pürieren und mit Pfeffer und Salz abschmecken.

— Die Paprika mit der Hautseite nach unten und die Spitzkohlblätter mittig auf den Grill legen, den Deckel schließen. Den Spitzkohl nach 3 Minuten wenden, nach weiteren 3 Minuten vom Grill nehmen und in feine Streifen schneiden. Dann die Paprika nach weiteren 3–4 Minuten vom Grill nehmen und in 2–3 cm große Stücke schneiden.

— Die Pitataschen innen mit jeweils einem Viertel der Feta-Creme bestreichen und dann mit Spitzkohl, Paprika und Blattspinat befüllen. Die gefüllten Pitataschen auf dem Grill von jeder Seite 2–3 Minuten grillen und heiß servieren.

DAZU PASST: Frittierte Kartoffelspiralen mit Thymian-Zitronen-Salz (Seite 147), Hähnchenbrust mit Mohn-Parmesan-Kruste (Seite 76), Weißwurst-Saltimbocca (Seite 60)

Pizza mit Tomaten

APFEL UND ROASTBEEF

**FÜR 4 PORTIONEN
ZUBEREITUNGSZEIT:
1 STUNDE +
5 STUNDEN GEHZEIT**

- 3 g frische Hefe
- 875 g Weizenmehl (Type 405)
- 10 g Salz
- etwas Mehl zum Arbeiten
- 1 kleiner grüner Apfel (z. B. Granny Smith)
- 1 Tomate
- 125 g Mozzarella
- 4 TL Olivenöl
- 4 EL Tomatenmark
- 150 g Roastbeef
- schwarzer Pfeffer aus der Mühle

ZUBEHÖR:
- *Pizzastein, Pizzaschaufel, Pizzaschneider*

– Die Hefe in einer Schüssel mit 500 ml lauwarmem Wasser auflösen. Das Mehl in die Hefe-Wasser-Mischung geben und mit den Knethaken des Handrührgeräts 5 Minuten zu einem geschmeidigen Teig verkneten. Dann das Salz hinzufügen und 1 weitere Minute mit den Knethaken kneten. Den Teig auf eine bemehlte Arbeitsfläche geben und mit bemehlten Händen 10 Minuten zu einem glatten Teig kneten.

– Den Teig in 4 Teile zerteilen und zu straffen Kugeln formen. Die Teigkugeln in eine große rechteckige bemehlte Form geben und luftdicht abschließen. Den Teig mindestens 5 Stunden bei Raumtemperatur gehen lassen.

– Den Pizzastein auf den Grillrost legen und 10 Minuten vorheizen indirekte Hitze/Stufe 3 (etwa 320–350 °C)/großer Brenner/geschlossener Deckel. In der Zwischenzeit den Apfel waschen, im Ganzen entkernen und quer zum Kerngehäuse auf dem Gemüsehobel in feine Scheiben hobeln. Die Tomate waschen und mit einem scharfen Messer in sehr feine Scheiben schneiden. Den Mozzarella abtropfen lassen und in feine Scheiben schneiden.

– Die Hefeteigkugeln vorsichtig auf eine bemehlte Arbeitsplatte geben und den Teig mit den Fingern leicht nach außen ziehen (auf keinen Fall mit dem Nudelholz ausrollen), damit der Teig einer fluffigen und knusprigen Rand bekommt. Für jeden Fladen Backpapier auf die Größe des Pizzasteins zuschneiden und die Fladen daraufgelen.

– Die Ränder der Fladen jeweils mit 1 TL Olivenöl und die Mitte mit jeweils 1 EL Tomatenmark bestreichen. Die Apfel- und Tomatenscheiben und dann den Mozzarella gleichmäßig auf die Fladen verteilen. Die Fladen nacheinander mit der Pizzaschaufel auf den Grill geben und jeweils etwa 10 Minuten backen, bis sie knusprig sind. Die fertig gebackenen Pizzen (die nacheinander serviert werden) mit der Pizzaschaufel vom Grill heben. Jede Pizza mit einem Viertel des Roastbeefs belegen, mit Pfeffer würzen, mit dem Pizzaschneider vierteln und servieren.

Flammkuchen
MIT SPARGEL UND PARMASCHINKEN

**FÜR 4 PORTIONEN
ZUBEREITUNGSZEIT:
25 MINUTEN**

- 150 g kalte Butter
- 500 g Weizenmehl (Type 405)
- Salz
- 200 g Quark (20 % Fett)
- 250 g grünen Spargel
- 1 Frühlingszwiebel
- 150 g Comté
- 150 g Crème fraîche
- 100 g Parmaschinken in Scheiben
- schwarzer Pfeffer aus der Mühle

ZUBEHÖR:
- *Pizzastein, Pizzaschaufel, Pizzaroller*

– Den Pizzastein auf den Grillrost legen und 10 Minuten vorheizen: indirekte Hitze/Stufe 3 (etwa 320–350 °C)/großer Brenner/geschlossener Deckel.

– Für den Teig die Butter in grobe Würfel schneiden. Das Mehl mit Butter, ½ TL Salz und Quark in eine Schüssel geben und mit den Knethaken eines Handrührgeräts zügig zu einem geschmeidigen Teig verkneten.

– Den Spargel waschen und die holzigen Enden knapp abschneiden. Die Stangen im unteren Drittel dünn schälen, dann schräg in feine Scheiben schneiden. Die Frühlingszwiebel waschen, putzen und ebenfalls schräg in feine Ringe schneiden. Den Comté von der Rinde befreien und grob raspeln.

– 4 Stücke Backpapier auf die Größe des Pizzasteins zuschneiden. Den Teig in 4 Fladen teilen und jeweils auf einem Backpapier rund ausrollen (etwa 22 cm Durchmesser). Jeden Fladen mit einem Viertel der Crème fraîche bestreichen und den Spargel, die Frühlingszwiebel und dann den Käse gleichmäßig darauf verteilen.

– Die Fladen nacheinander mit der Pizzaschaufel auf den Pizzastein geben und bei geschlossenem Deckel jeweils 8–10 Minuten backen, bis sie knusprig sind. In der Zwischenzeit den Parmaschinken in Streifen schneiden. Die fertig gebackenen Flammkuchen (die nacheinander serviert werden) mit der Pizzaschaufel vom Grill heben. Jeden Flammkuchen mit einem Viertel des Parmaschinkens belegen, mit Pfeffer würzen, mit dem Pizzaroller vierteln und servieren.

TIPP: Werden die Flammkuchen nicht direkt gebacken, können die ausgerollten Teige auch auf je 1 Blatt Backpapier locker übereinandergelegt einige Stunden im Kühlschrank aufbewahrt werden.

Orientalische
HACKRÖLLCHEN MIT DATTEL

**FÜR 10 HACKRÖLLCHEN
ZUBEREITUNGSZEIT:
30 MINUTEN**

- 500 g Lammhackfleisch (alternativ Schweinehackfleisch)
- 1 rote Zwiebel
- 1 Knoblauchzehe
- 1 Bio-Zitrone
- 50 g getrocknete Datteln (ohne Stein)
- ½ TL gemahlener Koriander
- 2–3 Messerspitzen Chilipulver
- Salz

ZUBEHÖR:
- *Gusseiserne Grillplatte, Grillzange*

– Das Hackfleisch aus dem Kühlschrank nehmen, in eine Schüssel geben und Raumtemperatur annehmen lassen. Die Zwiebel schälen und fein würfeln. Den Knoblauch schälen und fein hacken. Die Zitrone waschen, trocken reiben und die Schale fein abreiben. Die Datteln fein würfeln.

– Die Grillplatte mit der gerippten Seite nach oben auf den Trichter (Vulkanstellung) stellen und 10 Minuten vorheizen: direkte Hitze/Stufe 3 (etwa 320–350 °C)/großer Brenner/geschlossener Deckel. Zwiebel, Knoblauch, Zitronenschale, Dattel, Koriander, Chilipulver und 1 TL Salz zum Hackfleisch in die Schüssel geben und alles gründlich durchmischen.

– Dann die Hackfleischmischung in 10 Portionen teilen und zu Röllchen formen (etwa 2 cm dick und 6 cm lang). Die Hackröllchen auf dem Grill von allen Seiten 3 Minuten grillen, mit der Grillzange vom Grill nehmen, auf Teller verteilen und servieren.

DAZU PASST: Aprikosen-Ketchup (Seite 169), Baguette mit Limetten-Chili-Parmesan-Butter (Seite 141), Gemüsepfanne provenzalische Art (Seite 157), Kartoffelsalat mit gegrillten Radieschen und Fenchel (Seite 160)

**FÜR 12 PUFFER
ZUBEREITUNGSZEIT:
30 MINUTEN +
2 STUNDEN AUFTAUZEIT**

- 225 g TK-Garnelen (küchenfertig)
- 400 g Kohlrabi
- 1 Zwiebel
- 100 g Cheddar
- 50 g Haselnusskerne
- 100 g grüne Bratpaprika (Pimientos de Padrón)
- 50 g Weizenmehl
- Salz
- schwarzer Pfeffer aus der Mühle

ZUBEHÖR:
- *12 Zahnstocher, gusseiserne Grillplatte*

– Die Garnelen mind. 2 Stunden vor der Verwendung aus dem Eisfach nehmen, in ein Sieb geben und langsam auftauen lassen.

– Die Grillplatte mit der glatten Seite nach oben auf den Trichter (Vulkanstellung) stellen und 10 Minuten vorheizen: direkte Hitze/Stufe 3 (etwa 320–350 °C)/ großer Brenner/geschlossener Deckel.

– Den Kohlrabi schälen und grob raspeln. Die Zwiebel schälen, halbieren und in feine Ringe schneiden. Den Cheddar grob raspeln. Die Haselnüsse grob hacken. Die Bratpaprika waschen und trocknen. Kohlrabi, Zwiebel, Käse und Haselnüsse mit dem Mehl in eine Schüssel geben, mit ½ TL Salz und Pfeffer kräftig würzen und gut durchmischen.

– Die Hitze auf Stufe 2 (etwa 220–240 °C) reduzieren. Portionsweise 1 gestrichenen EL Teig nebeneinander auf die Grillplatte geben und leicht flach drücken. Die Bratpaprika gleichzeitig mit auf die Platte legen, den Deckel vom Grill schließen und 3 Minuten grillen. Dann die Puffer und die Paprika wenden und die Garnelen mit auf die Grillplatte geben. Weitere 3 Minuten mit offenem Deckel grillen, dabei nach 1 Minute die Garnelen wenden.

– Die Puffer auf eine Servierplatte legen, die Garnelen auf 12 Zahnstocher stecken, jeweils 1 Bratpaprika dazustecken, dann in den Puffer spießen und zusammen servieren.

DAZU PASST: Auberginen-Dip mit Minze (Seite 170), Kartoffelsalat mit gegrillten Radieschen und Fenchel (Seite 160)

Garnelen-
KOHLRABI-PUFFER

Blumenkohl-
MASALA-HÄHNCHEN MIT GURKENSALAT

**FÜR 4 PORTIONEN
ZUBEREITUNGSZEIT:
1 STUNDE 15 MINUTEN**

- 1 kleiner Blumenkohl (ca. 500 g)
- Salz
- 300 g Hähnchenbrustfilets
- 2 Orangen (alternativ 100 ml Orangensaft)
- 15 ml Ahornsirup
- 2 EL Bratöl
- 1 EL Garam-Masala-Gewürzmischung
- ⅓ Gurke
- 2 Stängel Minze
- 150 g Naturjoghurt (3,8 % Fett)

ZUBEHÖR:
- *Spiralschneider, Plancha Grillplatte*

– Den Blumenkohl waschen, putzen, in Röschen teilen, große Röschen halbieren oder dritteln. Den Blumenkohl in einem Topf in kochendem Salzwasser 3 Minuten blanchieren, dann in ein Sieb abgießen.

– Die Hähnchenbrust gründlich waschen, trocken tupfen und in 3 cm große Würfel schneiden. Die Orangen auspressen und mit Ahornsirup, Bratöl, Garam Masala und 1 TL Salz in einer großen Schüssel mit einem Schneebesen verquirlen. Den Blumenkohl und das Hähnchen zugeben und gründlich vermengen. Die Schüssel mit Frischhaltefolie abgedeckt mindestens 1 Stunde in den Kühlschrank stellen.

– In der Zwischenzeit für den Gurkensalat die Gurke waschen und mit einem Spiralschneider spiralisieren (alternativ mit einem Sparschäler längs in Streifen schneiden). Die Minze waschen, trocken schütteln, die Blätter abzupfen, fein hacken und in eine Schüssel geben. Den Joghurt und ½ TL Salz hinzufügen und alles mit einer Gabel vermischen.

– Die Plancha Grillplatte auf den Trichter (Vulkanstellung) stellen und 10 Minuten vorheizen: direkte Hitze/Stufe 3 (etwa 320–350 °C)/großer Brenner/geschlossener Deckel. Die marinierte Fleisch-Gemüse-Mischung auf die Plancha-Platte geben und unter gelegentlichem Wenden 10 Minuten knusprig braten. Kurz vor Ende der Grillzeit Gurke und Minzjoghurt mischen, damit die Gurke nicht zu viel Wasser zieht. Das Blumenkohl-Masala-Hähnchen auf Teller verteilen und zusammen mit dem Gurkensalat servieren.

DAZU PASST: Baguette mit Limetten-Chili-Parmesan-Butter (Seite 141)

Chickenwings
MIT LIMETTEN-KORIANDER-MARINADE

**FÜR 4 PORTIONEN
ZUBEREITUNGSZEIT:
35 MINUTEN + 12–24
STUNDEN MARINIERZEIT**

- 15 g Koriandergrün
- 1 Knoblauchzehe
- 1 Frühlingszwiebel
- 1 Stück Ingwer (ca. 1,5 cm)
- ½ Limette
- 1 EL Vollrohrzucker
- Salz
- 500 g Hähnchenflügel

– Den Koriander waschen trocken schütteln, die Blätter abzupfen und fein hacken. Den Knoblauch schälen und fein hacken. Die Frühlingszwiebel waschen, putzen und in feine Scheiben schneiden. Den Ingwer schälen und fein reiben. Die Limette auspressen.

– In einer großen Schüssel die Zutaten zusammen mit dem Zucker und ½ TL Salz zu einer Marinade vermischen. Das Hähnchenfleisch gründlich waschen und trocken tupfen. Die Hähnchenflügel in die Schüssel geben und gründlich mit der Marinade einreiben. Die Schüssel mit Frischhaltefolie abgedeckt 12–24 Stunden in den Kühlschrank stellen.

– Den Grill mit dem Grillrost 5 Minuten vorheizen: indirekte Hitze/Stufe 2 (etwa 220–240 °C)/großer Brenner/geschlossener Deckel. Die Hähnchenflügel auf den vorgeheizten Grill legen und bei geschlossenem Deckel 20–30 Minuten grillen. (Dank der Umluft-Funktion beim geschlossenen Deckel müssen die Chickenwings nie gewendet werden.) Die Chickenwings vom Grill nehmen, auf Teller verteilen und servieren.

DAZU PASST: Gegrillte Avocado mit Birnenchutney (Seite 106), Baguette mit Limetten-Chili-Butter (Seite 141), Asia-Coleslaw (Seite 158)

Veggie

FÜR 4 PORTIONEN
ZUBEREITUNGSZEIT:
50 MINUTEN

- 100 g Couscous
- Salz
- 450 g Rote Bete (vorgegart)
- 1 kleine rote Zwiebel
- 40 g Haselnüsse
- 75 g Emmentaler
- 1 Ei
- 50 g frischer Spinat
- 4 Lieblingsbrötchen
- etwas Bratöl
- 4 EL Schmand
- schwarzer Pfeffer aus der Mühle

ZUBEHÖR:
- *Burgerpresse, Grillplatte*

– Couscous mit ½ TL Salz in eine große Schüssel geben, mit 100 ml kochendem Wasser übergießen und abgedeckt quellen lassen.

– In der Zwischenzeit 150 g der Rote Bete grob zerkleinern. Die Zwiebel schälen und ebenfalls grob zerkleinern. Beides in den Blitzhacker oder die Küchenmaschine geben und fein hacken. Dann die Haselnüsse hinzufügen und grob hacken. Die Masse zum Couscous in die Schüssel geben, gut vermischen und weitere 5 Minuten quellen lassen.

– Den Emmentaler fein reiben. Das Ei und den Emmentaler zum abgekühlten Couscous geben und alles gründlich vermengen. Daraus 4 gleich große Kugeln formen, die mit einer Burgerpresse zu Pattys gepresst werden. Die Pattys mindestens 15 Minuten im Kühlschrank auskühlen lassen. Währenddessen den Spinat waschen und trocken schütteln und die restliche Rote Bete in 0,5 cm dicke Scheiben schneiden.

– Die Grillplatte mit der glatten Seite nach oben auf den Trichter (Vulkanstellung) stellen und 10 Minuten vorheizen: direkte Hitze/Stufe 3 (etwa 320–350 °C)/großer Brenner/geschlossener Deckel.

– Die Brötchen halbieren und mit der Schnittseite nach unten auf die Grillplatte legen. 2 Minuten anrösten, dabei die Brötchenhälften mit den Händen auf die Platte drücken. Die Brötchen vom Grill nehmen. Dann die Grillplatte mit Öl bestreichen, darauf die Pattys und die Rote-Bete-Scheiben legen und jede Seite jeweils 7 Minuten bei geschlossenem Deckel grillen.

– Die Brötchen mit dem Schmand bestreichen und mit Pfeffer würzen. Auf die unteren Brötchenhälften den Spinat verteilen, die Pattys auflegen, darüber die gegrillte Bete geben, diese leicht salzen und mit den oberen Brötchenhälften schließen.

Burger

MIT ROTER BETE & SPINAT

Kartoffel-

Lauch-Ba...
BURGER MIT SENF-SCH...

FÜR 4 PORTIONEN
ZUBEREITUNGSZEIT:
1 STUNDE

- 300 g festkochende Kartoffeln
- Salz
- 500 g Rinderhackfleisch
- schwarzer Pfeffer aus der Mühle
- ¼ Stange Lauch
- 6 Scheiben Frühstücksspeck
- 2 EL Schmand
- 3 EL süßer grober Senf
- 4 Roggenbrötchen
- 1 EL Bratöl
- 4 Scheiben Emmentaler

ZUBEHÖR:
- *Burgerpresse, gusseiserne Grillplatte*

– Die Kartoffeln schälen 20–25 Minuten bissfest kühlen lassen. Dann in Zwischenzeit das Rinde 1 TL Salz und Pfeffer kra Burgerpresse formen, a

– Den Lauch putzen, läng halbieren. Jeweils 3 S einanderlegen und jew aufrollen. Den Schman verrühren.

– Die gusseiserne Grillpla Trichter (Vulkanstellun te Hitze/Stufe 3 (etwa 3 Deckel. Die Brötchen h ten auf die Grillplatte le hälften dabei mit den H vom Grill nehmen.

– Ein Drittel der gusseis Kartoffeln darauflegen hinzufügen. Jeweils in d leichte Kuhle drücken grillen. Nach 4 Minuten ler belegen. In der Zwis sauce bestreichen.

– Die Lauch-Bacon-Rolle cke schneiden. Auf die teilen, darauf die Patty Stücke darauf verteile Brötchenhälfte abdecke

DAZU PASST: Polenta-Peka gegrillten Radieschen u gel-Pfanne (Seite 113)

Hotdog
ITALIANO

**FÜR 4 PORTIONEN
ZUBEREITUNGSZEIT:
30 MINUTEN**

- 4 Salsiccia-Würste (300 g alternativ grobe Bratwürste)
- 25 g Parmesan
- 1 Knoblauchzehe
- 75 g schwarze Oliven (ohne Stein)
- 1 Spritzer Zitronensaft
- 25 g Rucola
- 60 g Kirschtomaten
- 4 Hotdog-Brötchen

ZUBEHÖR:
- *Grillrost Diamond*

– Die Würste 30 Minuten vor der Zubereitung aus dem Kühlschrank nehmen und trocken tupfen.

– Für die Olivencreme den Parmesan fein reiben und den Knoblauch schälen. Oliven, Parmesan, Knoblauch und Zitronensaft mit dem Stabmixer glatt pürieren. Den Rucola waschen und trocken schütteln. Die Tomaten waschen und in sehr feine Scheiben schneiden.

– Den Grill mit dem Grillrost Diamond 10 Minuten vorheizen: indirekte Hitze/Stufe 3 (etwa 320–350 °C)/großer Brenner/geschlossener Deckel. Die Hitze auf Stufe 2 (etwa 220–240 °C) reduzieren und die Würstchen auf dem Rand des Grillrosts etwa 10–12 Minuten bei geschlossenem Deckel grillen. Inzwischen die Brötchen längs einschneiden und kurz vor Ende der Grillzeit auf beiden Seiten je 1 Minute bei geschlossenem Deckel rösten.

– Beide Innenseiten der Brötchen mit der Olivencreme bestreichen, die Tomatenscheiben links und rechts auf die Olivenpaste legen, etwas Rucola hineingeben, die Würstchen in die Mitte legen und servieren.

DAZU PASST: Frittierte Kartoffelspiralen mit Thymian-Zitronen-Salz (Seite 147), Auberginen-Lasagne-Türmchen (Seite 162)

Quesadilla mit
HÄHNCHEN UND MANGOLD

**FÜR 4 PORTIONEN
ZUBEREITUNGSZEIT:
45 MINUTEN**

- 300 g Hähnchenfilets (mit Haut)
- 60 g bunte Mangoldblätter (alternativ Spinat oder Rote-Bete-Blätter)
- 6 Tortilla-Wraps
- 120 g Schmand
- Salz
- schwarzer Pfeffer aus der Mühle
- 120 g Cheddar

ZUBEHÖR:
- *gusseiserne Grillplatte*

— Den Grill mit dem Grillrost 5 Minuten vorheizen: indirekte Hitze/Stufe 2 (etwa 220–240 °C)/großer Brenner/geschlossener Deckel. In der Zwischenzeit die Hähnchenfilets gründlich waschen und trocken tupfen. Dann mit der Hautseite nach unten auf den Grill legen und 20 Minuten bei geschlossenem Deckel grillen. Anschließend vom Grill nehmen und die Hähnchenbrust in dünne Streifen schneiden.

— Inzwischen für die Füllung die Mangoldblätter waschen, trocken schütteln und die Stiele entfernen. Die Blätter in feine Streifen schneiden. 3 Wraps mit Schmand bestreichen, mit Salz und Pfeffer würzen und mit Hähnchen- und Mangoldstreifen belegen. Der Cheddar fein reiben, darüberstreuen und jeweils mit den 3 anderen Wraps bedecken.

— Die Grillplatte mit der glatten Seite nach oben auf auf den Trichter (Vulkanstellung) stellen und 10 Minuten vorheizen: direkte Hitze/Stufe 3 (etwa 320–350 °C)/großer Brenner/geschlossener Deckel. Die Hitze auf Stufe 2 (etwa 220–240 °C) reduzieren und die gefüllten Wraps portionsweise auf der heißen gusseisernen Platte 3 Minuten bei geschlossenem Deckel grillen, dann einmal wenden und weitere 3 Minuten grillen. Die Quesadillas in jeweils 8 Stücke teilen und warm servieren.

Tex-Mex-Pfanne
MIT TORTILLA-CHIPS

**FÜR 4 PORTIONEN
ZUBEREITUNGSZEIT:
35 MINUTEN**

- 250 g Tomaten
- 1 große Paprikaschote
- ½ rote Chilischote
- 1 kleine Dose Mais (150 g Abtropfgewicht)
- ½ Zwiebel
- 1 Knoblauchzehe
- 2 EL Olivenöl
- 250 g Rinderhackfleisch
- Salz
- 125 g Mais-Chips (natur)
- 150 g Emmentaler gerieben

ZUBEHÖR:
- Halbmond-Gourmet-Schale mit geschlossenem Boden

– Die Halbmond-Gourmet-Schale auf den Grillrost stellen und den Grill 5 Minuten vorheizen: indirekte Hitze/Stufe 2 (etwa 220–240 °C)/großer Brenner/geschlossener Deckel.

– Tomaten, Paprika- und Chilischote waschen und trocknen. Die Tomaten vierteln, entkernen und in Würfel schneiden. Von der Paprika den Deckel und den Boden abschneiden. Den so entstandenen Ring längs in zwei Hälften teilen, das Kerngehäuse entfernen und die Paprikahäute innen mit einem scharfen Messer herausschneiden. Die Chilischote entkernen und fein hacken. Den Mais in ein Sieb abgießen und abtropfen lassen.

– Die Zwiebel schälen und fein würfeln, den Knoblauch schälen und fein hacken. Das Olivenöl in die vorgeheizte Halbmondschale geben und Zwiebel und Knoblauch darin bei offenem Deckel 2 Minuten glasig dünsten. Das Hackfleisch dazugeben und 4 Minuten unter Rühren bei offenem Deckel anbraten. Dann Tomaten- und Chiliwürfel dazugeben und umrühren. Die beiden Paprikastücke mit der Hautseite nach unten mittig auf den Grill legen. Den Deckel schließen und alles für 15 Minuten garen.

– Die Paprika vom Grill nehmen und in schmale Streifen schneiden. Zusammen mit dem Mais in die Halbmond-Gourmet-Schale geben und mit Salz würzen. Die Mais-Chips in die Hack-Gemüse-Mischung stecken und den Käse darüberstreuen, weitere 4 Minuten bei geschlossenem Deckel garen, dann heiß servieren.

DAZU PASST: Gegrillte Avocado mit Birnen-Chutney (Seite 106), Baguette mit Limetten-Chili-Parmesan-Butter (Seite 141), Knusprige Parmesan-Zitronen-Kartoffeln (Seite 142)

Frühlingsrollen
AUS DEM WOK

**FÜR 12 FRÜHLINGS-
ROLLEN
ZUBEREITUNGSZEIT:
40 MINUTEN**

- 12 mittelgroße
  TK-Frühlingsrollen-
  blätter (aus dem
  Asialaden)
- 50 g Glasnudeln
- 1 kleine Möhre
- ½ rote Paprikaschote
- 2 Frühlingszwiebeln
- 50 g Shiitakepilze
- 50 g Sprossen
  (aus Soja oder Mung-
  bohnen)
- 3 EL Sojasauce
- 1 Stück Ingwer
  (ca. 1 cm)
- 1 l Frittieröl

ZUBEHÖR:
- *Barbecue Wok
  mit Aufsatz*

– Die Frühlingsrollenblätter 45 Minuten vor Verwendung aus dem Eisfach nehmen.

– Die Glasnudeln 10 Minuten in reichlich kaltem Wasser einweichen. Inzwischen die Möhre putzen, schälen, erst schräg in feine Scheiben und dann in feine Stifte schneiden. Die Paprikaschote entkernen, waschen und ebenfalls in feine Stifte schneiden. Die Frühlingszwiebeln waschen, putzen und in feine Ringe schneiden. Die Pilze putzen und grob hacken. Die Sprossen gründlich waschen und in einem Sieb abtropfen lassen. Den Ingwer schälen und fein reiben. Die Sojasauce und den Ingwer in einer großen Schüssel verrühren. Die Glasnudeln in ein Sieb abgießen und gut abtropfen lassen. Mit Möhren, Paprika, Frühlingszwiebel, Pilzen und Sprossen in die Schüssel geben und in der Sojasauce marinieren.

– Jeweils 1 Frühlingsrollenblatt vorsichtig vom Stapel abziehen und mit einer Spitze nach unten zeigend auf eine trockene Arbeitsfläche legen. In die Mitte etwa 1 EL Füllung geben. Die untere Spitze über das Gemüse schlagen, die Seiten links und rechts einschlagen, die obere Ecke leicht anfeuchten und die Frühlingsrolle von unten nach oben eng aufrollen.

– Den Wok-Aufsatz und den Wok auf den Trichter (Vulkanstellung) setzen. Das Frittieröl in den Wok füllen, dann den Wok-Deckel aufsetzen und den Wok 10 Minuten vorheizen: direkte Hitze/Stufe 3 (etwa 320–350 °C)/großer Brenner/offener Deckel/geschlossener Wok-Deckel.

– Wenn das Öl heiß ist (Stäbchenprobe: Holzstab in das heiße Öl halten. Wenn sich Bläschen bilden, ist das Öl heiß genug), die Frühlingsrollen portionsweise für etwa 3 Minuten darin knusprig braun frittieren. Dann mit einer Schöpfkelle aus dem heißen Fett heben, abtropfen lassen und auf einem mit Küchenpapier ausgelegten Gitter abtropfen lassen.

DAZU PASST: Asia-Coleslaw (Seite 158), Gegrillte Ananas-Salsa (Seite 172)

Entrecôte-Spieße
MIT ZWIEBEL UND PFIRSICH

FÜR 4 PORTIONEN
ZUBEREITUNGSZEIT:
35 MINUTEN + MARINIER-
ZEIT ÜBER NACHT

- 500 g Rinder-Entrecôte
- ½ TL Pimentkörner
- 1 Knoblauchzehe
- ½ Bio-Limette
- 1 TL Vollrohrzucker
- Salz
- 1 EL Olivenöl
- 1 Pfirsich
- 1 große rote Zwiebel
- 6 kräftige Zweige Rosmarin (alternativ Holzspieße)

ZUBEHÖR:
- *gusseiserne Grillplatte*

— Am Vortag das Entrecôte abtupfen und in 4 cm große Würfel schneiden. Die Pimentkörner fein mörsern, den Knoblauch schälen und fein hacken. Die Limette heiß abspülen, trocken reiben und die Schale abreiben. In einer großen Schüssel Piment, Limettenschale und Knoblauch mit Zucker, ½ TL Salz und Olivenöl vermischen. Die Fleischwürfel hinzufügen, alles vermischen und mit Frischhaltefolie abgedeckt über Nacht im Kühlschrank marinieren.

— Am Grilltag das Fleisch mindestens 1 Stunde vor der Verwendung aus dem Kühlschrank nehmen. Den Pfirsich waschen, vierteln, entkernen und die Viertel noch einmal quer halbieren. Die Zwiebel schälen, vierteln und in die Hälften auseinanderziehen. Den Rosmarin waschen, trocken schütteln und die Nadeln zu drei Viertel vom unteren Ende abziehen. Fleisch-, Zwiebel- und Pfirsichstücke abwechselnd auf die Rosmarinspieße stecken.

— Die Grillplatte mit der gerippten Seite nach oben auf den Trichter stellen und 10 Minuten vorheizen: indirekte Hitze/Stufe 3 (etwa 320–350 °C)/großer Brenner/geschlossener Deckel. Die Fleischspieße auf jeder Seite 2 Minuten bei geschlossenem Deckel anbraten, vom Grill nehmen und servieren.

DAZU PASST: Aprikosen-Ketchup (Seite 169), Knusprige Parmesan-Zitronen-Kartoffeln (Seite 142), Baguette mit Limetten-Chili-Parmesan-Butter (Seite 141)

Stückweise
x

Zander mit Tomatenkruste

FÜR 4 PORTIONEN
ZUBEREITUNGSZEIT:
35 MINUTEN

- 400 g Zanderfilets
- 1 große Tomate
- 70 g Weißbrot
- 100 g getrocknete Tomaten (in Öl)
- 1 Knoblauchzehe
- 65 g Parmesan

ZUBEHÖR:

- Halbmond-Gourmet-Schale mit geschlossenem Boden

– Den Zander waschen und trocken tupfen. Die Tomate waschen, den Stielansatz entfernen und die Tomate in dünne Scheiben schneiden. Das Weißbrot in grobe Stücke schneiden und die getrockneten Tomaten grob hacken. Den Knoblauch schälen. Weißbrot, getrocknete Tomaten, Knoblauch und Parmesan in einen Blitzhacker oder in eine Küchenmaschine geben und fein hacken.

– Den Grill mit dem Grillrost 5 Minuten vorheizen: indirekte Hitze/Stufe 2 (etwa 220–240 °C)/großer Brenner/geschlossener Deckel. Die Halbmond-Gourmet-Schale mit den Tomatenscheiben auslegen, den Fisch daraufgeben, die Weißbrotmasse darauf verteilen und 25 Minuten bei geschlossenem Deckel backen. Den Fisch auf Teller verteilen und servieren.

DAZU PASST: Fächerzucchini mit Tomatenbutter (Seite 152), Gemüsepfanne provenzalische Art (Seite 157), Auberginen-Lasagne-Türmchen (Seite 162)

Weißwurst-
SALTIMBOCCA

**FÜR 4 PORTIONEN
ZUBEREITUNGSZEIT:
20 MINUTEN**

- 12 Blätter Salbei
- 4 Weißwürste
- 100 g Parmaschinken

ZUBEHÖR:
- *Grillrost Diamond,
  8 kleine Holzspieße*

– Den Grill mit dem Grillrost Diamond 10 Minuten vorheizen: indirekte Hitze /Stufe 3 (etwa 320–350 °C)/großer Brenner/geschlossener Deckel.

– Die Salbeiblätter waschen und trocken tupfen. Die Weißwürste mit 3 Schnitten schräg einschneiden und jeweils 1 Salbeiblatt in den Schnitten platzieren. Nacheinander ein Viertel des Parmaschinkens auf einem Brett auslegen und 1 Wurst damit umwickeln. Mit den restlichen Würsten ebenso verfahren.

– Die Hitze auf Stufe 2 reduzieren (etwa 220–240 °C). Die Würste am Rand des Grillrosts aufreihen und bei geschlossenem Deckel etwa 6–8 Minuten knusprig braten.

DAZU PASST: Auberginen-Lasagne-Türmchen (Seite 162), Balsamico-Tomaten mit Feta (Seite 154), Italienische Fenchel-Sellerie-Pfanne (Seite 100)

Asia-Lachs
AUF ZEDERNHOLZ GEGART

FÜR 4 PORTIONEN
ZUBEREITUNGSZEIT:
35 MINUTEN + MARINIER-
ZEIT ÜBER NACHT +
1 STUNDE WÄSSERN

– 2 Lachsfilets (mit Haut, à 300 g)
– 1 Stück Ingwer (ca. 2 cm)
– 1 grüne Chilischote
– 1 Bio-Limette
– 50 g weiße Shiro-Misopaste (aus dem Asia- oder Bioladen)
– 20 g Honig

ZUBEHÖR:
– *2 Zedernplatten*

– Am Vortag die Lachsfilets waschen und trocken tupfen. Den Ingwer schälen und fein reiben. Die Chilischote längs halbieren, entkernen, waschen und in sehr feine Ringe schneiden. Die Limette heiß waschen, trocken reiben und die Schale fein abreiben. Ingwer, Chili und Limettenschale mit Misopaste und Honig in einer kleinen Schüssel mit einem Schneebesen gut verquirlen. Den Lachs auf der Fleischseite gründlich mit der Marinade einpinseln und abgedeckt über Nacht im Kühlschrank ziehen lassen.

– Am Grilltag mindestens 1 Stunde vor dem Grillen die Zedernplatten in warmem Wasser einweichen und den Lachs aus dem Kühlschrank nehmen. Dann die Platten auf die Mitte des Grillrosts legen und den Grill 5 Minuten vorheizen, bis das Zedernholz zu knacken beginnt: direkte Hitze/Stufe 3 (etwa 320–350 °C)/großer Brenner/geschlossener Deckel.

– Den Lachs mit der Hautseite auf das Zedernholz schieben und die Hitze auf maximal 180 °C reduzieren (Stufe 1). 15–20 Minuten bei geschlossenem Deckel garen, bis der Lachs leicht rosa aussieht und in der Mitte noch leicht glasig ist. Er sollte eine Kerntemperatur von ca. 60 °C haben. Dann vom Grill nehmen, den Lachs 5 Minuten mit Alufolie abgedeckt ruhen lassen und warm servieren.

DAZU PASST: Asia-Coleslaw (Seite 158), Kartoffelsalat mit gegrillten Radieschen und Fenchel (Seite 160)

Gefüllte Paprika
MEDITERRAN

**FÜR 4 PORTIONEN
ZUBEREITUNGSZEIT:
25 MINUTEN**

- 4 rote Spitzpaprika
- ½ Stange Lauch
- 400 g Schweinehackfleisch
- 2 EL italienische Kräuter (TK oder getrocknet)
- 1 TL Salz
- schwarzer Pfeffer aus der Mühle

ZUBEHÖR:
- *gusseiserne Grillplatte*

– Die Spitzpaprika waschen, Enden knapp abschneiden, quer in jeweils 4 gleich große Ringe schneiden und entkernen. Den Lauch waschen, putzen und fein hacken. In einer großen Schüssel Lauch, Hackfleisch, Kräuter und Salz gründlich vermengen und kräftig mit Pfeffer würzen. Die Hackfleischmasse in die Paprikaringe füllen.

– Die Grillplatte mit der gerippten Seite nach oben auf den Trichter stellen und 10 Minuten vorheizen: indirekte Hitze/Stufe 3 (etwa 320–350 °C)/großer Brenner/geschlossener Deckel. Die Paprikastücke auf der Fleischseite bei geschlossenem Deckel 5 Minuten grillen. Anschließend wenden und nochmals 5 Minuten rösten. Schließlich auf der Hautseite jeweils 2 Minuten anbraten. Vom Grill nehmen, auf Teller verteilen und servieren.

DAZU PASST: Vegetarischer Shepherd's Pie (Seite 110), Tomatenstockbrot (Seite 132), Knusprige Parmesan-Zitronen-Kartoffeln (Seite 142)

Ungarisches Gulasch
AUS DEM DUTCH OVEN

**FÜR 6 PORTIONEN
ZUBEREITUNGSZEIT:
1 STUNDE 30 MINUTEN**

- 3 rote Zwiebeln
- 2 Knoblauchzehen
- 600 g rote Paprika
- 300 g Knollensellerie
- 750 g festkochende Kartoffeln
- 600 g Tomaten
- 600 g Rindergulasch
- 4 EL Bratöl
- 2 EL edelsüßes Paprikapulver (alternativ 3 Messerspitzen Chilipulver)
- 1 TL scharfes ungarisches Paprikapulver, alternativ 3 Messerspitzen Chilipulver
- Salz
- 750 ml Rinderbrühe

ZUBEHÖR:
- Dutch Oven

— Die Zwiebeln schälen und vierteln. Den Knoblauch schälen und fein hacken. Die Paprika längs halbieren, entkernen, waschen und in 3 cm große Würfel schneiden. Den Knollensellerie schälen und fein würfeln. Die Kartoffeln schälen und in 1 cm große Würfel schneiden. Die Tomaten waschen, entstielen, vierteln, entkernen und quer halbieren. Das Rindergulasch trocken tupfen.

— Den Dutch Oven auf den Grillrost stellen und 20 Minuten vorheizen: indirekte Hitze/Stufe 3 (etwa 320–350 °C)/großer Brenner/ geschlossener Deckel.

— 2 EL Bratöl in den Dutch Oven geben und darin das Rindfleisch von allen Seiten 5 Minuten scharf anbraten. Dann das Fleisch herausnehmen, das restliche Öl hinzugeben und darin die Zwiebeln und den Knoblauch 3 Minuten anbraten. Kartoffeln und Paprika in den Dutch Oven geben und unter gelegentlichem Wenden weitere 5 Minuten anbraten. Die Gewürze und 1 TL Salz zugeben, die Tomatenstücke und das Fleisch hinzufügen und mit der Brühe aufgießen. Den Deckel von Dutch Oven und Grill schließen und 5 Minuten garen.

— Die Hitze reduzieren und das Gulasch 50–60 Minuten garen, bis das Fleisch durch und die Sauce etwas eingekocht ist: indirekte Hitze/Stufe 2 (etwa 220–240 °C)/großer Brenner/geschlossener Deckel.

DAZU PASST: Walnuss-Weizenvollkornbrot aus dem Dutch Oven (Seite 139)

Beefribs mit
BARBECUE-GLAZE

**FÜR 4 PORTIONEN
ZUBEREITUNGSZEIT:
4–5 STUNDEN + MARI-
NIERZEIT ÜBER NACHT**

- 1 kg Beefribs natur (aus der Metzgerei)
- Salz
- 150 g Brombeer-Barbecue-Sauce (Seite 164, Variante, oder Barbecue Sauce nach Wahl)

ZUBEHÖR:
- *Universal Rack, Gourmet Check*

— Die Beefribs trocken tupfen und ringsherum erst mit 1 TL Salz, dann mit der Barbecue-Sauce einreiben. Das Fleisch in einen Gefrierbeutel geben und im Kühlschrank für mindestens 12 Stunden, am besten über Nacht, marinieren.

— Den Grill mit dem Grillrost 5 Minuten vorheizen: indirekte Hitze/Stufe 3 (etwa 320–350 °C)/großer Brenner/geschlossener Deckel. Dann den kleinen Brenner auf Stufe 2 (etwa 220–240 °C) einschalten und den großen Brenner ausschalten. Währenddessen die Beefribs aus dem Gefrierbeutel nehmen und aufrecht in das Universal Rack stellen. Das Universal Rack mit Auffangschale auf die Mitte des Grills stellen und die Rips bei geschlossenem Deckel garen, bis sie eine Kerntemperatur zu 71 °C (Gourmet Check) erreicht haben.

DAZU PASST: Baguette mit Limetten-Chili-Parmesan-Butter (Seite 141), Frittierte Kartoffelspiralen mit Thymian-Zitronen-Salz (Seite 147)

Porterhouse-Steak
MIT GIN-APRIKOSEN

FÜR 4 PORTIONEN
ZUBEREITUNGSZEIT:
30 MINUTEN

- 1,2 kg Porterhouse-Steak (ca. 5 cm dick, alternativ T-Bone-Steak)
- 1 Stück Ingwer (ca. 1 cm)
- 1 Pimentkorn
- ½ TL Koriandersamen
- frisch geriebene Muskatnuss
- 1 Kubebenpfeffer (aus dem Gewürzladen, alternativ ⅓ TL schwarze Pfefferkörner)
- 400 g Aprikosen
- 50 g Butter
- 40 ml Gin
- ½ TL Salzflocken

ZUBEHÖR:
- *Grillrost Diamond, Aroma Pfanne*

– Das Steak 1 Stunde vor dem Grillen aus dem Kühlschrank nehmen. Den Ingwer schälen und fein reiben. Zusammen mit Pimentkorn, Koriandersamen, 2 Prisen Muskatnuss und Kubebenpfeffer in einen Mörser geben und nicht zu fein zerstoßen. Die Aprikosen waschen, trocknen, halbieren und entsteinen.

– Den Grill mit dem Grillrost Diamond und der Aroma Pfanne 10 Minuten vorheizen: indirekte Hitze/Stufe 3 (etwa 320–350 °C)/großer Brenner/geschlossener Deckel. Die Aprikosen mit der Schnittseite nach unten am Pfannenrand aufreihen. Das Steak auf den Grillrost legen und wie die Aprikosen auf jeder Seite 3 Minuten bei geschlossenem Deckel anbraten.

– Den Deckel öffnen, die gemörserten Gewürze in die leere Mitte der Aroma Pfanne geben und unter Rühren kurz anrösten. Dann die Butter hinzufügen, schmelzen lassen und mit den Gewürzen vermischen.

– Das Steak mit dem Knochen (T-Stück) auf den Rand der Aroma Pfanne legen, sodass das Fleischstück schräg in der Pfanne liegt. Mit einem Löffel 1 Minute lang die Gewürzbutter immer wieder über das Steak geben. Dann den Grill ausschalten und die Pfanne herunternehmen. Die Aprikosen um das Steak herumlegen, den Gin über die Aprikosen gießen und unmittelbar anzünden, um die Früchte zu flambieren. Dann die beiden großen Fleischstücke mit einem scharfen Messer vom Knochen trennen und in feine Tranchen schneiden. Das Fleisch auf Tellern verteilen, mit den Salzflocken würzen und zusammen mit den Aprikosen servieren.

Garnelen von
DER PLANCHA-GRILLPLATTE

**FÜR 4 PORTIONEN
ZUBEREITUNGSZEIT:
30 MINUTEN**

- 400 g Black-Tiger-Garnelen (küchenfertig; alternativ andere Garnelen)
- 400 g Thai-Auberginen (aus dem Asia-Laden; alternativ 1 kleine Aubergine)
- 2 Schalotten
- 2 Knoblauchzehen
- 1 grüne Chilischote
- 5 Stängel Thai-Basilikum (alternativ Koriander)
- 2 Stängel Zitronengras (alternativ 1 ½ TL getrocknetes Zitronengraspulver)
- 2 Bio-Limetten
- 400 ml Kokosmilch
- Salz

ZUBEHÖR:
- Plancha Grillplatte

– Die Garnelen in einem Sieb abspülen und abtropfen lassen (TK-Garnelen langsam in einem Sieb auftauen lassen). Die Auberginen waschen, putzen und in 1 cm breite Scheiben schneiden.

– Für die Marinade die Schalotten und den Knoblauch schälen und grob würfeln. Die Chilischote längs halbieren, entkernen und waschen. Das Thai-Basilikum waschen und trocken schütteln. Vom Zitronengras das äußere Blatt entfernen. Das Zitronengras putzen, mit einem Fleischklopfer oder einer schweren Pfanne flach klopfen und in Stücke schneiden. Die Limetten waschen, trocken reiben, die Schale abreiben und den Saft auspressen. Alle Zutaten mit der Kokosmilch und 2 TL Salz in einen hohen Rührbecher geben und mit dem Stabmixer fein pürieren.

– In eine große Schüssel die Garnelen und die Auberginen geben, die Marinade hinzufügen, alles gründlich, aber vorsichtig vermengen und etwas ziehen lassen. Währenddessen die Plancha Grillplatte auf den Trichter (Vulkanstellung) stellen. Den Grill 10 Minuten vorheizen: direkte Hitze/Stufe 3 (etwa 320–350 °C)/großer Brenner/geschlossener Deckel.

– Die marinierten Garnelen und Auberginen auf die Plancha Grillplatte geben und bei offenem Deckel unter häufigem Wenden 5–6 Minuten garen. Auf Teller verteilen und servieren.

DAZU PASST: Baguette mit Limetten-Chili-Parmesan-Butter (Seite 141), Asia-Coleslaw (Seite 158)

Thunfischsteak
MIT GOMASIO UND BIRNE

FÜR 4 PORTIONEN
ZUBEREITUNGSZEIT:
20 MINUTEN

- 4 Thunfischfilets (ca. 500 g)
- 2 Limetten
- 1 EL geröstetes Sesamöl
- 10 g Wasabipaste
- 2 Birnen
- 1 EL neutrales Öl (z. B. Bratöl)
- 2 TL Gomasio (Sesamsalz; aus dem Bioladen)

ZUBEHÖR:
- *gusseiserne Grillplatte*

– Die Thunfischfilets 30 Minuten vor dem Grillen aus dem Kühlschrank nehmen. Die Grillplatte mit der glatten Seite nach oben auf den Trichter (Vulkarstellung) stellen und 10 Minuten vorheizen: direkte Hitze/Stufe 3 (etwa 320–350 °C)/großer Brenner/geschlossener Deckel.

– Für das Dressing die Limetten auspressen. Den Saft mit dem Sesamöl und der Wasabipaste verrühren. Die Birnen waschen und auf einer Gemüsereibe längs in feine Scheiben hobeln. Dann die Kerne und der Stielansatz entfernen und aufgefächert auf 4 Teller verteilen.

– Die Thunfischfilets trocken tupfen und mit Öl bestreichen. Auf der Grillplatte bei geschlossenem Deckel 2 Minuten auf jeder Seite grillen. Die fertig gegrillten Thunfischfilets auf die Teller verteilen, mit dem Dressing beträufeln und mit dem Gomasio bestreuen.

DAZU PASST: Baguette mit Limetten-Chili-Parmesan-Butter (Seite 141)

Hähnchenbrust
MIT MOHN-PARMESAN-KRUSTE

FÜR 4 PORTIONEN
ZUBEREITUNGSZEIT:
35 MINUTEN

- 4 Hähnchenbrustfilets (ca. 500 g)
- 2 Knoblauchzehen
- 60 g Pecorino (alternativ Parmesan)
- 50 g Mohn
- 50 g Butter
- schwarzer Pfeffer aus der Mühle

– Die Hähnchenbrustfilets gründlich waschen und trocken tupfen.

– Den Knoblauch schälen, mit dem Pecorino und dem Mohn in den Blitzhacker geben und zu einer feinen Masse mahlen. Dann die Butter hinzufügen, kräftig mit Pfeffer würzen und alles zu einer glatten Masse verrühren.

– Die Hähnchenbrustfilets jeweils auf ein Stück Alufolie setzen, mit jeweils einem Viertel der Pecorino-Mohn-Butter bestreichen und die Alufolie wie ein Schiffchen ringsherum zusammenwickeln.

– Den Grill 5 Minuten vorheizen: indirekte Hitze/Stufe 2 (etwa 220–240 °C)/großer Brenner/geschlossener Deckel. Die Hähnchenfilets auf dem Grill bei geschlossenem Deckel 20 Minuten grillen, bis die Mohnkruste leicht zu bräunen beginnt. Auf Teller verteilen und servieren.

DAZU PASST: Fächerzucchini mit Tomatenbutter (Seite 152), Auberginen-Lasagne-Türmchen (Seite 162), Ketchup aus gerösteten Kirschtomaten (Seite 167)

Würziges Rinderfilet

FÜR 4 PORTIONEN
ZUBEREITUNGSZEIT:
30 MINUTEN + 3 STUNDEN MARINIERZEIT

- 500 g Rinderfilet
- 2 Knoblauchzehen
- 1 ½ TL bunter Pfeffer
- 1 gestr. TL gemahlener Kreuzkümmel
- 1 TL edelsüßes Paprikapulver
- Salz
- 1 EL Zucker
- 1 EL Olivenöl

ZUBEHÖR:
- Grillrost Diamond, Gourmet Check, Küchengarn

– Das Rinderfilet trocken tupfen und mit Küchengarn in eine gleichmäßige Form binden (Seite 19). Knoblauchzehen schälen und fein hacken. Pfeffer in einen Mörser geben und grob zerstoßen. Mit Kreuzkümmel, Paprikapulver, 1 TL Salz, Zucker und Knoblauch mischen. Das Rinderfilet mit dem Olivenöl bestreichen, mit dem Gewürzsalz bestreuen und einmassieren. Das Fleisch im Kühlschrank für mindestens 3 Stunden abgedeckt marinieren.

– 1 Stunde vor der Zubereitung das Fleisch aus dem Kühlschrank nehmen. Den Grillrost Diamond 10 Minuten vorheizen: indirekte Hitze/Stufe 3 (etwa 320–350 °C)/großer Brenner/geschlossener Deckel. Das Filet auf den Grillrost legen und auf jeder Seite bei geschlossenem Deckel 3 Minuten scharf anbraten. Dann das Bratenthermometer (Gourmet Check) mittig in das Fleisch stecken, die Temperatur auf Stufe 1 (etwa 160–180 °C) reduzieren. Den Deckel schließen und das Fleisch etwa 15 Minuten garen, bis eine Kerntemperatur von 55 °C erreicht ist.

– Dann das Fleisch vom Grill nehmen, mit Alufolie abdecken und 10 Minuten ruhen lassen. Dabei steigt die Kerntemperatur auf 60 °C. Das Fleisch nun auswickeln, in Scheiben schneiden, auf Teller verteilen und rosa servieren.

DAZU PASST: Gemüsepfanne provenzalische Art (Seite 157), Kartoffelsalat mit gegrillten Radieschen und Fenchel (Seite 160), Ketchup aus gerösteten Kirschtomaten (Seite 167), Steinpilz-Butter (Seite 170)

x Großes Grillen

Hähnchen
MIT CIDER-KARDAMOM

FÜR 6 PORTIONEN
ZUBEREITUNGSZEIT:
1 STUNDE 15 MINUTEN

- 1 Hähnchen (ca. 1,5 kg)
- Salz
- 1 TL gemahlener Kardamom
- schwarzer Pfeffer aus der Mühle
- 1 Dose Cider oder Apfelwein (330 ml)
- 30 g Honig

ZUBEHÖR:
- Aroma Pfanne, Gourmet Check

— Das Hähnchen etwa 1 Stunde vor der Verwendung aus dem Kühlschrank nehmen, gründlich waschen und trocken tupfen. 1 TL Salz, Kardamom und 1 TL Pfeffer mischen und das Hähnchen innen und außen kräftig damit einreiben.

— Den Grill mit dem Grillrost 5 Minuten vorheizen: indirekte Hitze/Stufe 1 (etwa 160–180 °C)/großer Brenner/geschlossener Deckel. 50 ml Cider mit dem Honig in einen Rührbecher geben und gründlich vermischen. Weitere 100 ml Cider abmessen und zur Seite stellen. Die Dose mit Alufolie umwickeln und am oberen unbefüllten Ende mehrmals einstechen (z. B. mit einem Korkenzieher).

— Die Dose in die Aroma Pfanne stellen, das Hähnchen darüberstülpen und die Schenkel zur Stabilisierung möglichst weit auseinanderziehen. Das Garthermometer (Gourmet Check) in die Brust des Hähnchens stecken und auf 72 °C einstellen.

— Die Aroma Pfanne mit dem Hähnchen auf die Grillmitte stellen und für etwa 1 Stunde mit geschlossenem Deckel grillen. Nach 20 und 40 Minuten mit der angerührten Honig-Cider-Marinade bepinseln, dabei auch etwas von dem ausgetretenen Fett zum Bepinseln nutzen. Am Ende der Garzeit die Temperatur für 3–5 Minuten auf Stufe 3 (etwa 320–350 °C) erhöhen, damit das Hähnchen richtig schön knusprig wird.

TIPP: Wer dazu gerne eine Beilage möchte, kann unten in die Aroma Pfanne 500 g gewaschene Drillinge (kleine Kartoffeln) legen, die während des Grillens mitgaren und knusprig werden.

DAZU PASST: Barbecue-Ketchup (Seite 164), Walnuss-Weizenvollkornbrot aus dem Dutch Oven (Seite 139), Kartoffelsalat mit gegrillten Radieschen und Fenchel (Seite 160)

Orientalisch
GEFÜLLTER RINDERBRATEN

FÜR 4 PORTIONEN
ZUBEREITUNGSZEIT:
2 STUNDEN

- 1 kg Rinderfleisch aus dem Bug (vom Metzger für Rollbraten vorbereiten lassen)
- 50 g Cashewkerne
- 1 Knoblauchzehe
- 1 Schalotte
- 2 EL Olivenöl
- 100 g Fetakäse
- 50 g getrocknete Aprikosen
- 1 TL getrocknete Berberitzen (alternativ Cranberrys)
- 20 g Semmelbrösel
- 2–3 Messerspitzen Chilipulver
- Salz

ZUBEHÖR:
- *Aroma Pfanne, Gourmet Check, Bindfaden*

- Rindfleisch ausrollen und trocken tupfen.

- Aroma Pfanne auf den Grillrost stellen und 10 Minuten vorheizen: indirekte Hitze/Stufe 3 (etwa 320–350 °C)/großer Brenner/geschlossener Deckel. Hitze auf Stufe 2 (etwa 220–240 °C) reduzieren. Cashewkerne in die Aroma Pfanne geben und 5–7 Minuten bei offenem Deckel unter gelegentlichem Wenden rösten. Grill ausstellen und Kerne kurz auskühlen lassen. Knoblauch und Schalotte schälen und fein würfeln. Cashewkerne hacken.

- Grill mit der Aroma Pfanne erneut 5 Minuten vorheizen: indirekte Hitze/Stufe 3 (etwa 320–350 °C)/großer Brenner/geschlossener Deckel. 1 EL Olivenöl in die Aroma Pfanne geben und darin Schalotten und Knoblauch etwa 1 Minute glasig dünsten. Den Grill ausstellen, Aroma Pfanne vom Grill nehmen und auskühlen lassen.

- Inzwischen Feta zerbröseln und getrocknete Aprikosen fein würfeln. Cashewkerne, Feta, Aprikose, Berberitzen, Semmelbrösel und Chilipulver in der abgekühlten Aroma Pfanne mischen.

- Das Fleisch an der Innenseite leicht salzen. Füllung gleichmäßig darauf verteilen, von der unteren, kurzen Seite straff aufrollen und im Abstand von 2 cm binden (siehe Seite 19).

- Grill mit dem Grillrost 5 Minuten vorheizen: indirekte Hitze/Stufe 2 (etwa 220–240 °C)/großer Brenner/geschlossener Deckel. Fleisch rundherum mit ½ TL Salz bestreuen und mit dem restlichem Olivenöl bestreichen. Fleisch auf die Grillmitte legen und je nach Dicke etwa 80 Minuten bei geschlossenem Deckel bis zu einer Kerntemperatur (Gourmet Check) von 60 °C (medium) garen. Vom Grill nehmen, mit Alufolie abgedeckt 10 Minuten auf einem Brett ruhen lassen, Bindfaden entfernen und in Scheiben aufschneiden. Auf Teller verteilen und servieren.

DAZU PASST: Gegrillte Ananas-Salsa (Seite 172), Aprikosen-Ketchup (Seite 169), Polenta-Pekan-Pommes (Seite 144)

Orangen-Oliven
ENTE VOM ROST

FÜR 4 PORTIONEN
ZUBEREITUNGSZEIT:
1 STUNDE WÄSSERN +
3 STUNDEN 30 MINUTEN

- 1 Handvoll Räucherchips (z. B. Erlenholz)
- 1 Ente (küchenfertig, ca. 1,5 kg, alternativ TK)
- 2 unbehandelte Bio-Orangen
- 2 Knoblauchzehen
- ½ Stange Lauch
- 100 g schwarze Oliven (ohne Stein)
- 15 Stängel Thymian
- 200 g Weißbrot (vom Vortag)
- 1 EL Bratöl
- Salz
- schwarzer Pfeffer aus der Mühle
- 25 g fester Honig

ZUBEHÖR:
- *Räucherchips, Aroma Pfanne, Gourmet Check, Räucherbox*

– 1 Stunde vor Grillbeginn die Räucherchips in einer Schüssel mit warmem Wasser übergießen und quellen lassen. Ente waschen und trocken tupfen. Orangen waschen und die Schale abreiben. Restliche Schale entfernen und Orangen grob würfeln. Stücke in ein Sieb geben, Saft dabei auffangen. Knoblauch schälen und fein hacken. Lauch halbieren, waschen, putzen und fein würfeln. Oliven längs halbieren. Thymian waschen, Blätter abzupfen und fein hacken. Weißbrot 1,5 cm groß würfeln. Orangenschale, Thymian, 1 TL Salz und ½ TL Pfeffer mischen und Ente damit innen und außen einreiben.

– Aroma Pfanne auf den Grillrost stellen und vorheizen: indirekte Hitze/Stufe 3 (etwa 320–350 °C)/großer Brenner/geschlossener Deckel. Öl in die Pfanne geben und Lauch und Knoblauch darin bei geschlossenem Deckel 2 Minuten andünsten. Grill ausstellen.

– Oliven, Lauch, Orangenwürfel und Weißbrot gründlich vermischen, Ente damit füllen und an den Füßen zubinden. Die Hälfte der Räucherchips in einem Sieb abtropfen lassen, gelockert in die Räucherbox einfüllen und Deckel schließen. Räucherbox mit Aufhängung in die Grillkammer (unter den Trichter, nicht über den Lüftungsschlitze) hängen und aufheizen: indirekte Hitze/Stufe 3 (etwa 320–350 °C)/großer Brenner/geschlossener Deckel, bis eine starke Rauchbildung entsteht. Hitze reduzieren, kleinen Brenner einschalten, großen Brenner ausschalten. Ente mittig auf den Rost legen: indirekte Hitze/Stufe 3 (etwa 110–120 °C)/kleiner Brenner/geschlossener Deckel. Grillthermometer (Gourmet Check) in die Brust der Ente stecken und diese 30 Minuten räuchern. Ente nach dem Räuchern für weitere 2,5 Stunden bei Stufe 3 (etwa 110–120 °C)/kleiner Brenner bis zu einer Kerntemperatur von 75 °C garen.

– Aus Orangensaft und Honig eine Glasur anrühren. Ente mit dem Silikonpinsel mit der Hälfte bestreichen und 5 Minuten knusprig grillen: indirekte Hitze/Stufe 2 (etwa 220–240 °C)/großer Brenner/geschlossener Deckel. Die restliche Glasur auftragen und nochmals 5 Minuten knusprig grillen. Ente tranchieren und mit der Füllung servieren.

DAZU PASST: Oliven-Foccacia (Seite 137), Knusprige Parmesan-Zitronen-Kartoffeln (Seite 142)

Pulled Pork
VOM WILDSCHWEIN

**FÜR 6–8 PORTIONEN
ZUBEREITUNGSZEIT:
10–12 STUNDEN +
12–24 STUNDEN
MARINIERZEIT**

- 1 kg Wildschweinschulter ohne Knochen (alternativ Schweineschulter)
- 1 EL mittelscharfer Senf
- 50 g fester Honig
- 150 g TK-Heidelbeeren
- 1 EL rosa Pfefferbeeren (alternativ weißer oder schwarzer Pfeffer)
- 1 EL gelbe Senfkörner (alternativ doppelte Menge Pfeffer)
- Salz
- 1 EL Vollrohrzucker (alternativ Ahornsirup)
- 1 EL Kakaopulver, (schwach entölt)
- 2 große Handvoll Räucherchips Kirsche (alternativ Eiche)
- 50 ml Cognac
- 6–8 Brötchen

ZUBEHÖR:
- *Räucherchips, Räuchereinsatz, Gourmet Check, Grillhandschuhe*

— Wildschweinschulter parieren (mit einem scharfen Messer von Sehnen und Silberhäutchen befreien). Senf und Honig gut miteinander verrühren. Heidelbeeren in einem Sieb auftauen.

— Für den Rub rosa Pfefferbeeren und Senfkörner fein mörsern und mit 1 TL Salz, Vollrohrzucker und Kakao mischen. Wildschweinschulter rundherum mit der Honig-Senf-Marinade einreiben und mit Rub ummanteln. In einen Gefrierbeutel geben, Luft herausdrücken und eingewickelt im Kühlschrank 12–24 Stunden marinieren.

— 1 Stunde vor der Zubereitung Räucherchips wässern und Fleisch aus dem Kühlschrank nehmen. Nach 45 Minuten die Hälfte der Räucherchips abtropfen lassen. Angefeuchteten Chips gelockert in die Räucherbox einfüllen und Deckel schließen, diese in die Grillkammer (unter den Trichter, nicht über den Lüftungsschlitze) hängen. Räucherbox auf höchster Temperatur einheizen: indirekte Hitze/Stufe 3 (etwa 320–350 °C)/großer Brenner/geschlossener Deckel, bis eine starke Rauchbildung entsteht. Hitze reduzieren, kleinen Brenner einschalten, großen Brenner ausschalten. Wildschwein auflegen (Mitte), das Bratthermometer (Gourmet Check) an der dicksten Stelle in das Fleisch stecken und den Deckel schließen. Mit dem Temperaturregler Temperatur auf etwa 105 °C regulieren. Nach der Hälfte der Zeit auf Stufe 1 (etwa 160–180 °C) reduzieren.

— Nach etwa 45 Minuten die zweite Hälfte der Räucherchips nachlegen, dabei unbedingt Grillhandschuhe tragen! Dazu Grillrost und Fleisch vom Grill nehmen, Trichter entfernen, Räucherbox öffnen und Räucherchips einfüllen. Sollten die übrigen Räucherchips nicht mehr glimmen, muss neu angeheizt werden (indirekte Hitze/Stufe 3 (etwa 320–350 °C)/großer Brenner/geschlossener Deckel, bis sich Rauch entwickelt, dann indirekte Hitze/Stufe 2 (etwa 95-110 °C)/kleiner Brenner/Deckel halb offen, dann Wildschwein auf den Grill und Deckel schließen. Ansonsten Trichter und Rost wieder einsetzen und Fleisch weitergaren: indirekte Hitze/Stufe 1 (etwa 80-95 °C)/kleiner Brenner/Deckel geschlossen.

— Das Fleisch bis zur Kerntemperatur von 75 °C garen. Je nach Dicke des Fleischstücks ist diese ungefähr nach 5–6 Stunden erreicht.

Nun beginnt das Moppen, damit das Fleisch nicht austrocknet. Dazu die Heidelbeeren und der Cognac zu einer glatten Masse pürieren. Diese mit dem Pinsel auf das Wildschwein auftragen und den Deckel wieder schließen.

– Diesen Vorgang jede Stunde wiederholen. Nach 8–9 Stunden ist eine Kerntemperatur von 90 °C erreicht und das Garen abgeschlossen. Nun muss das Fleisch in Folie eingewickelt noch etwa 30 Minuten leicht gewärmt auf dem ausgeschalteten Grill bei geschlossenem Deckel ruhen. Dann in eine Schüssel geben und mit zwei Gabeln auseinanderziehen (Pullen). Mit dem übrigen Mop mischen und etwas Barbecue Sauce zufügen. Das Pulled Pork in Brötchen füllen und servieren.

DAZU PASST: Barbecue-Ketchup (Seite 164), Frittierte Kartoffelspiralen mit Thymian-Zitronen-Salz (Seite 147)

Craft-Beer-
ZWIEBEL-SCHMORBRATEN

**FÜR 6 PORTIONEN
ZUBEREITUNGSZEIT:
1 STUNDE 50 MINUTEN
+ MARINIERZEIT ÜBER NACHT**

- 1 kg Schweine-nackenbraten (aus der Metzgerei)
- 1 EL mittelscharfer Senf
- 1 Stück Ingwer (ca. 2 cm)
- 1 TL gemahlene Koriandersamen
- ½ TL frisch gemahlener Pfeffer
- 5 Zwiebeln
- 2 EL Bratöl
- ½ l Craft Beer
- Salz

ZUBEHÖR:
- Dutch Oven

– Am Vortag den Schweinenackenbraten trocken tupfen und rundherum mit Senf einstreichen. Den Ingwer schälen, fein reiben und mit dem Koriander und dem Pfeffer in den Schweinenacken reiben. In eine Schüssel geben und mit Frischhaltefolie abgedeckt über Nacht im Kühlschrank marinieren.

– Am Grilltag das Fleisch 1 Stunde vor dem Grillen aus dem Kühlschrank nehmen. Die Zwiebeln schälen und vierteln. Den Dutch Oven auf den Grillrost stellen und 20 Minuten vorheizen: indirekte Hitze/Stufe 3 (etwa 320–350 °C)/großer Brenner/geschlossener Deckel.

– Das Bratöl in den Dutch Oven geben, den Braten darin von allen Seiten 1 Minute scharf anbraten, die Zwiebeln zugeben und unter gelegentlichem Rühren mit anbraten. Das Bier angießen und 1 TL Salz hinzugeben. Das Bier einmal aufkochen lassen, den Deckel auf den Dutch Oven geben und die Hitze reduzieren: Stufe 1 (etwa 160–180 °C)/großer Brenner/geschlossener Deckel. Den Braten 1 Stunde und 30 Minuten garen.

– Dann das Fleisch aus dem Dutch Oven nehmen, in 1,5 cm dicke Scheiben schneiden und mit der Zwiebelsauce servieren.

DAZU PASST: Walnuss-Weizenvollkornbrot aus dem Dutch Oven (Seite 139), Knusprige Parmesan-Zitronen-Kartoffeln (Seite 142)

Forelle

GEFÜLLT MIT RHABARBER UND LAVENDEL

**FÜR 4 PORTIONEN
ZUBEREITUNGSZEIT:
35 MINUTEN**

- 4 frische küchenfertige Forellen (à 400 g, alternativ TK)
- 200 g Rhabarber
- 12 Lavendelblütenstängel (alternativ 6 getrocknete Lavendelblüten)
- 8 Knoblauchzehen
- 8 Stängel Basilikum
- Salz
- weißer Pfeffer aus der Mühle

ZUBEHÖR:
- Fischzangen

– Die Forellen waschen und trocken tupfen. Den Rhabarber waschen, putzen, in etwa 10 cm lange Stücke schneiden und längs mit dem Sparschäler in dünne Streifen schneiden. Die Lavendelstängel bis knapp unter die Blütenstände abschneiden und die Blüten abspülen. Einige zum Garnieren beiseitelegen. Den Knoblauch mit dem Messerrücken kräftig andrücken und die Schale entfernen.

– Die Bauchhöhlen der Forellen jeweils mit 4 Lavendelblüten, 2 Knoblauchzehen und einem Viertel des Rhabarbers füllen. Die Forellen in die Fischzangen für den Grill einlegen und verschließen (alternativ mit Küchengarn zubinden).

– Den Grill 10 Minuten vorheizen: indirekte Hitze/Stufe 2 (etwa 220–240 °C)/großer Brenner/geschlossener Deckel. Die Forellen für 14 Minuten auf dem Grillrost bei geschlossenem Deckel garen, dabei nach 7 Minuten wenden.

– In der Zwischenzeit Basilikum waschen, trocken schütteln, die Blätter abzupfen und in feine Streifen schneiden. Die Forellen aus dem Fischgriller nehmen und Knoblauch, Lavendel und Rhabarber entfernen. Den Rhabarber auf Tellern anrichten. Die Fische auslösen und zum Rhabarber geben. Mit Salz und Pfeffer würzen und mit Basilikum sowie Lavendelblüten garniert servieren.

DAZU PASST: Oliven-Foccacia (Seite 137), Knusprige Parmesan-Zitronen-Kartoffeln (Seite 142), Gemüsepfanne provenzalische Art (Seite 157), Auberginen-Lasagne-Türmchen (Seite 162)

Krustenbraten
VOM ROST

**FÜR 6 PORTIONEN
ZUBEREITUNGSZEIT:
CA. 1 STUNDE 30 MINUTEN
(ABHÄNGIG VON DER
DICKE DES FLEISCHES) +
RUHEZEIT ÜBER NACHT**

- 1 kg Schweinebauch mit Schwarte (aus der Metzgerei)
- 1 TL Kümmelsamen
- 1 TL Fenchelsamen
- 1 TL schwarze Pfefferkörner
- Salz

ZUBEHÖR:
- *Gourmet Check, Grillhandschuhe*

– Am Vortag den Schweinebauch trocken tupfen. Die Schwarte rautenförmig im Abstand von 1 cm einschneiden, aber darauf achten dabei das Fleisch nicht einzuschneiden. Kümmel und Fenchel im Mörser fein mahlen, den Pfeffer zugeben und grob anstoßen. Alles mit 1 TL Salz mischen, den Schweinebauch damit ringsum bestreuen und kräftig einmassieren. In Frischhaltefolie gewickelt oder in einem großen Gefrierbeutel luftdicht verpackt über Nacht im Kühlschrank beizen.

– Am Grilltag den Schweinebauch 1 Stunde vor der Zubereitung aus dem Kühlschrank nehmen. Den Grill mit dem Grillrost 5 Minuten vorheizen: indirekte Hitze/Stufe 3 (etwa 110-120 °C)/kleiner Brenner/geschlossener Deckel. Das Grillthermometer (Gourmet Check) von der Seite mittig in den Schweinebauch stecken und den Schweinebauch mittig mit der Schwarte nach oben auf den Grillrost setzen. Bei geschlossenem Deckel bis zu einer Kerntemperatur von 63 °C grillen. (Abhängig von der Dicke, nicht von der Menge des Fleisches, kann das zwischen 1 ¼ – 2 ¼ Stunden dauern).

– Sobald die Kerntemperatur erreicht ist, das Fleisch vom Grill nehmen, auf einer Platte mit Alufolie abdecken und ruhen lassen. Das Thermometer entfernen, den Trichter für direktes Grillen drehen (Vulkanstellung) und 10 Minuten vorheizen: direkte Hitze/Stufe 2 (etwa 220-240 °C)/großer Brenner/geschlossener Deckel.

– Den Schweinebauch 10 Minuten bei offenem Deckel auf der Schwartenseite unter häufigem Wenden grillen bis die Schwarte vollständig und gleichmäßig knusprig ist.

– Den Schweinekrustenbrater vom Grill nehmen, 5 Minuten mit Alufolie abgedeckt lassen und in 1 cm dicke Scheiben schneiden. Auf Teller verteilen und servieren.

DAZU PASST: Gegrillte Ananas-Salsa (Seite 172), Steinpilz-Butter (Seite 170), Aprikosen-Ketchup (Seite 169), Kartoffelsalat mit gegrillten Radieschen und Fenchel (Seite 160)

Eat green

x

Brokkoli-Zucchini-
SPIESSE MIT HALLOUMI

**FÜR 4 PORTIONEN
ZUBEREITUNGSZEIT:
35 MINUTEN**

- 1 kleiner Brokkoli (250 g)
- 1 mittelgroße Zucchini (300 g)
- 2 Frühlingszwiebeln
- 225 g Halloumi
- 2 Knoblauchzehen
- 1 ½ Zitronen (oder 60 ml Zitronensaft)
- 50 ml Olivenöl
- 15 g Agavendicksaft
- etwas Bratöl zum Einfetten

ZUBEHÖR:

- 8 Holzspieße, Plancha Grillplatte

— Den Brokkoli waschen, putzen, in Röschen teilen und je nach Größe längs halbieren. Die Zucchini waschen, putzen und längs in hauchdünne Streifen schneiden. Die Frühlingszwiebeln waschen, putzen und in 3 cm lange Stücke schneiden. Den Halloumi in 3 cm große Würfel schneiden. Den Knoblauch schälen und fein hacken. Die Zitronen halbieren und auspressen.

— Knoblauch, Zitronensaft, Olivenöl und Agavendicksaft in eine große Schüssel geben und zu einer Marinade verrühren. Das Gemüse und den Halloumi hineingeben und vorsichtig damit vermengen.

— Für jeden Spieß jeweils 1 Zucchinistreifen s-förmig um ein Stück Brokkoli und Halloumi wickeln und dann auf einen Holzspieß aufstecken. Den restlichen Spieß mit Brokkoli und Frühlingszwiebel auffüllen.

— Die Plancha-Platte oder die Grillplatte mit der glatten Seite auf den Trichter (Vulkanstellung) stellen und 10 Minuten vorheizen: direkte Hitze/Stufe 2 (etwa 220–240 °C)/großer Brenner/offener Deckel. Mit einem Pinsel das Bratöl auf der Plancha Platte verteilen und auf Stufe 3 (etwa 320–350 °C) erhöhen. Nun die Spieße auf die Plancha Platte geben, die restliche Marinade aus der Schüssel darüberträufeln und unter gelegentlichem Wenden 10 Minuten anbraten. Die Spieße auf Tellern anrichten und servieren.

DAZU PASST: Tomatenstockbrot (Seite 132), Oliven-Foccacia (Seite 137), Knusprige Parmesan-Zitronen-Kartoffeln (Seite 142)

Italienische
FENCHEL-SELLERIE-PFANNE

**FÜR 4 PORTIONEN
ZUBEREITUNGSZEIT:
40 MINUTEN**

- 150 g getrocknete Tomaten (in Öl)
- 4 kleine rote Zwiebeln
- 400 g Sellerie
- 1 große Knolle Fenchel
- 1 Zitrone
- 150 g schwarze Oliven (ohne Stein)
- 125 g Parmesan

ZUBEHÖR:

- *Halbmond-Gourmet-Schale mit geschlossenem Boden*

– Die Tomaten in ein Sieb abgießen und das Öl dabei auffangen. Mit 50 g Öl die Halbmondschale ausfetten. Die Zwiebeln schälen und vierteln. Den Sellerie schälen und in 1 cm dicke Stifte schneiden. Den Fenchel waschen, putzen und dabei das Fenchelgrün zum Garnieren beiseitelegen. Den Fenchel längs in 1 cm dicke Scheiben schneiden und die Scheiben in 2 cm dicke Stifte schneiden. Die Zitrone auspressen. Zwiebel, Sellerie und Fenchel in die geölte Form geben und mit dem Zitronensaft beträufeln.

– Den Grill mit dem Grillrost 5 Minuten vorheizen: indirekte Hitze/Stufe 2 (etwa 220–240 °C)/großer Brenner/geschlossener Deckel. Die Halbmond-Gourmet-Schale in den Grill stellen und entweder die gelochte Halbmond-Gourmet-Schale als Deckel verwenden oder die Gourmet-Schale mit Alufolie abdecken. Die Gemüsepfanne bei geschlossenem Deckel 20 Minuten garen lassen.

– Die getrockneten Tomaten grob hacken und die Oliven längs halbieren. Den Parmesan fein reiben. Die Alufolie von der Schale abnehmen, Oliven und Tomaten über das Gemüse geben und mit Parmesan bestreuen. Das Gemüse bei geschlossenem Deckel 5 Minuten fertig gratinieren. Mit dem Fenchelgrün bestreuen und servieren.

DAZU PASST: Zander mit Tomatenkruste (Seite 59), Oliven-Foccacia (Seite 137), Polenta-Pekan-Pommes (Seite 144), Auberginen-Lasagne-Türmchen (Seite 162)

**FÜR 4 PORTIONEN
ZUBEREITUNGSZEIT:
35 MINUTEN**

- 500 g Süßkartoffeln
- 2 EL Bratöl
- 1 EL Garam-Masala-Gewürzmischung
- Salz
- 1 rote Zwiebel
- 250 g Champignons
- 200 ml Kokosmilch
- 2 Stängel Petersilie

ZUBEHÖR:

- *Halbmond-Gourmet-Schale mit geschlossenem Boden*

— Die Süßkartoffeln schälen und in 0,5 cm dicke Scheiben schneiden. Die Halbmond-Gourmet-Schale mit dem Öl ausfetten und den Boden mit Garam Masala bestreuen. Darauf die Kartoffelscheiben verteilen und mit ½ TL Salz bestreuen. Die Zwiebel schälen und längs achteln. Die Champignons putzen und vierteln. Zwiebel und Champignons auf den Süßkartoffelscheiben verteilen.

— Den Grill mit dem Grillrost 5 Minuten vorheizen: indirekte Hitze/Stufe 2 (etwa 220–240 °C)/großer Brenner/geschlossener Deckel. Die Halbmond-Gourmet-Schale für 4–5 Minuten auf den Grill stellen und den Deckel schließen, damit die Süßkartoffeln auf dem Pfannenboden leicht anrösten und die Gewürze ihr Aroma entfalten.

— Den Grilldeckel öffnen, die Kokosmilch in die Schale gießen. Die Süßkartoffeln bei geschlossenem Deckel 15 Minuten garen. Die Sauce bei offenem Deckel 4–5 Minuten einkochen. Die Petersilie waschen, trocken schütteln und grob zerkleinern. Die Gemüsepfanne umrühren, mit der Petersilie auf Teller anrichten und servieren.

DAZU PASST: Orientalische Hackröllchen mit Dattel (Seite 35), Baguette mit Limetten-Chili-Parmesan-Butter (Seite 141)

Süßkartof

fel-Kokos-
CURRY-PFANNE

Ofenkäse mit
FEIGE UND ROSMARIN

FÜR 2 PORTIONEN
ZUBEREITUNGSZEIT:
30 MINUTEN

- 250 g französischer Weichkäse (in einer Holzschachtel)
- 1 Zweig Rosmarin
- 2 frische Feigen
- schwarzer Pfeffer aus der Mühle

ZUBEHÖR:
- Aroma Pfanne

- Den Käse aus der Plastikverpackung nehmen. Gegebenenfalls den Papierboden der Käseverpackung entfernen, den Käse zurück in den Holzring legen und beides in die Aroma Pfanne setzen.

- Den Grill mit dem Grillrost 5 Minuten vorheizen: indirekte Hitze/Stufe 1 (etwa 160–180 °C)/großer Brenner/geschlossener Deckel. Dann den Käse in der Aroma Pfanne auf die Mitte des Grillrosts setzen und bei geschlossenem Deckel 10 Minuten garen.

- In der Zwischenzeit den Rosmarin waschen, trocken schütteln, die Nadeln abzupfen und fein hacken. Die Feigen waschen und halbieren. Den Käse kreuzweise einschneiden und die Ecken nach außen klappen. Den Käse mit Rosmarin bestreuen und die Feigen mit der Schnittseite nach oben auf den Käse setzen. Die Temperatur auf Stufe 2 (etwa 220–240 °C) erhöhen, den Deckel schließen und weitere 15 Minuten grillen. Den Ofenkäse vor dem Servieren mit Pfeffer bestreuen.

DAZU PASST: Oliven-Foccacia (Seite 137), Walnuss-Weizenvollkornbrot aus dem Dutch Oven (Seite 139), Polenta-Pekan-Pommes (Seite 144), Kartoffelsalat mit gegrillten Radieschen und Fenchel (Seite 160)

Gegrillte Avocado
MIT BIRNEN-CHUTNEY

**FÜR 2 PORTIONEN
ZUBEREITUNGSZEIT:
35 MINUTEN**

- 1 kleine rote Zwiebel
- 1 Birne (ca. 200 g)
- 2 Avocados (essreif)
- 40 g Butter
- 50 ml Apfelessig
- 25 g Zucker
- Salz
- schwarzer Pfeffer aus der Mühle

ZUBEHÖR:
- *Aroma Pfanne*

– Die Zwiebel schälen und fein würfeln. Die Birne schälen, vierteln, das Kerngehäuse entfernen und ebenfalls fein würfeln. Die Avocados halbieren und entsteinen. Die Aroma Pfanne auf den Grillrost stellen und den Grill 5 Minuten vorheizen: indirekte Hitze/Stufe 1 (etwa 160–180 °C)/großer Brenner/geschlossener Deckel.

– Die Butter in der Pfanne schmelzen, dann die Zwiebel hinzufügen und 1 Minute glasig dünsten. Birne, Essig und Zucker zugeben und 5 Minuten garen. Die Temperatur wieder auf Stufe 2 (etwa 220–240 °C) erhöhen und das Chutney bei offenem Deckel 10 Minuten einkochen.

– Für die letzten 5 Minuten die Avocadohälften mit der Schnittseite nach unten rechts und links neben die Aroma Pfanne auf den Rost legen und grillen. Das Chutney mit Salz und Pfeffer abschmecken, auf den Avocadohälften anrichten und servieren.

DAZU PASST: Walnuss-Weizenvollkornbrot aus dem Dutch Oven (Seite 139), Quesadilla mit Hühnchen und Mangold (Seite 49), Garnelen-Kohlrabi-Puffer (Seite 36)

Vegetarische
BREZEL-BULETTE

**FÜR 4 PORTIONEN
ZUBEREITUNGSZEIT:
35 MINUTEN + 1 STUNDE
+ 15 MINUTEN RUHEZEIT**

- 150 g Laugengebäck vom Vortag (z.B. Stange, Brötchen, Brezel)
- 1 rote Zwiebel
- 100 g Bergkäse
- 25 g Butter
- 100 ml Dunkelbier
- Salz
- frisch geriebene Muskatnuss
- schwarzer Pfeffer aus der Mühle
- 1 Ei

ZUBEHÖR:
- *Aroma Pfanne, gusseiserne Grillplatte*

– Das Laugengebäck in 1 cm große Stücke schneiden und in eine große Schüssel geben. Die Zwiebel schälen und fein würfeln. Den Bergkäse von der Rinde befreien und grob reiben.

– Die Aroma Pfanne direkt auf den Grillrost stellen und 5 Minuten vorheizen: indirekte Hitze/Stufe 2 (etwa 220–240 °C)/großer Brenner/geschlossener Deckel. Die Butter in der Pfanne schmelzen und die Zwiebel darin 1 Minute glasig dünsten, dann mit dem Bier ablöschen und alles 2 Minuten erwärmen. Den Grill ausstellen.

– Die Zwiebel-Bier-Mischung vom Grill nehmen und über die Brezelstücke geben. Mit ½ TL Salz, 1 Prise Muskatnuss und Pfeffer würzen und gut durchmischen, 15 Minuten ziehen lassen. Dann das Ei und den Käse dazugeben und mit den Händen kräftig durchkneten. Mindestens 1 Stunde abgedeckt quellen lassen.

– Die gusseiserne Grillplatte mit der glatten Seite nach oben auf den Trichter (Vulkanstellung) stellen und vorheizen: direkte Hitze/Stufe 3 (etwa 320–350 °C)/großer Brenner/geschlossener Deckel. Mit angefeuchteten Händen aus dem Brezelteig 4 Buletten formen. Die Hitze auf Stufe 2 (etwa 220–240 °C) reduzieren. Die Buletten auf die Mitte der vorgeheizten Platte geben und bei geschlossenem Deckel auf beiden Seiten 3–4 Minuten grillen, bis sie knusprig sind. Nach Belieben mit etwas Salz bestreuen und servieren.

DAZU PASST: Tomatenstockbrot (Seite 132), Frittierte Kartoffelspiralen mit Thymian-Zitronen-Salz (Seite 147), Fächerzucchini mit Tomatenbutter (Seite 152), Gemüsepfanne provenzalische Art (Seite 157)

Shepherd's Pie
VEGETARISCH

**FÜR 4–6 PORTIONEN
ZUBEREITUNGSZEIT:
1 STUNDE**

- 500 g mehlig kochende, mittelgroße Kartoffeln
- 1 Zwiebel
- 150 g Möhren
- 100 g Cheddar
- 2 EL Bratöl
- 1 EL Tomatenmark (25 g)
- 2 EL Worcestersauce
- 100 ml Pils oder Helles
- 150 g rote Linsen
- 1 TL Brühe
- 100 ml Vollmilch
- 50 g Butter
- Salz
- frisch geriebene Muskatnuss

ZUBEHÖR:

- *Halbmond-Gourmet-Schale mit geschlossenem Boden*

– Die Kartoffeln waschen und in einem Topf knapp mit Wasser bedecken. Die Kartoffeln mit geschlossenem Deckel 20–30 Minuten weich garen. Die Zwiebel und die Möhren schälen und fein würfeln. Den Cheddar grob reiben.

– Inzwischen die Halbmond-Gourmet-Schale auf dem Grillrost 5 Minuten vorheizen: indirekte Hitze/Stufe 2 (etwa 220–240 °C)/großer Brenner/geschlossener Deckel. Das Bratöl bei mittlerer Hitze erwärmen und Zwiebel und Möhren darin 5 Minuten dünsten. Das Tomatenmark dazugeben und etwas anrösten. Mit der Worcestersauce und dem Bier ablöschen. Die Linsen hinzufügen, ¼ l Wasser und Brühe dazugeben und 10 Minuten köcheln lassen, dabei gelegentlich umrühren.

– Die Kartoffeln pellen, durch eine Kartoffelpresse drücken, in einer Schüssel mit der Milch und der Butter vermischen. Mit Salz und 2–3 Prisen Muskatnuss abschmecken.

– Die Hitze auf Stufe 1 (etwa 160–180 °C) reduzieren. Die Linsenmasse gleichmäßig mit dem Kartoffelpüree bestreichen. Den Käse darüberstreuen und 20 Minuten grillen. Den Shepherd's Pie auf Teller verteilen und servieren.

Rhabarber-Spargel-Pfanne

**FÜR 4 PORTIONEN
ZUBEREITUNGSZEIT:
30 MINUTEN**

- 25 g Haselnusskerne
- 250 g Rhabarber
- 2 Frühlingszwiebeln
- 500 g weißer Spargel
- 3 Packungen Bourbonvanillezucker
- Salz
- 2 EL Olivenöl (20 g)
- 25 g Petersilie (25 Stängel)
- Basilikumblätter zum Garnieren

ZUBEHÖR:

- Aroma Pfanne, Halbmond-Gourmet-Schale mit geschlossenem Boden

— Die Aroma Pfanne auf den Grillrost stellen und 10 Minuten vorheizen: indirekte Hitze/Stufe 2 (etwa 220–240 °C)/großer Brenner/geschlossener Deckel. Die Haselnusskerne in die Aroma Pfanne geben und darin 5 Minuten unter ständigem Rühren rösten, bis sie zu duften beginnen. Dann die Pfanne vom Grill nehmen und den Grill ausschalten.

— Den Rhabarber und die Frühlingszwiebeln waschen und putzen. Den Spargel waschen, schälen und die holzigen Enden entfernen. Rhabarber, Frühlingszwiebeln und Spargel in 4 cm lange Stücke schneiden, in eine Schüssel geben und mit dem Vanillezucker und 1 TL Salz vermischen.

— Den Grill 5 Minuten vorheizen: indirekte Hitze/Stufe 2 (etwa 220–240 °C)/großer Brenner/geschlossener Deckel. Die Halbmond-Gourmet-Schale mit dem Olivenöl ausfetten und darin die Gemüsemischung verteilen. Mit Alufolie fest abdecken. Die Halbmond-Gourmet-Schale auf den Grill stellen und das Gemüse 20 Minuten bissfest garen.

— In der Zwischenzeit die Petersilie waschen, trocken schütteln und die Blätter abzupfen. Die Petersilie und die gerösteten Haselnusskerne in den Blitzhacker geben. Sobald das Gemüse fertig gegart ist, den Kochsud zu den Nüssen gießen und alles zu einer glatten Sauce glatt pürieren. Das Gemüse auf Teller verteilen und die Sauce darübergeben. Mit Basilikumblättern bestreut servieren.

DAZU PASST: Walnuss-Weizenvollkornbrot aus dem Dutch Oven (Seite 139), Knusprige Parmesan-Zitronen-Kartoffeln (Seite 142), Kartoffelsalat mit gegrillten Radieschen und Fenchel (Seite 160)

Zuckermais
MIT KAFFEE-HASELNUSS-GLASUR

**FÜR 4 PORTIONEN
ZUBEREITUNGSZEIT:
35 MINUTEN**

- 25 g Haselnusskerne
- 4 Zuckermaiskolben
- 5 g Espressobohnen
- 50 g zimmerwarme Butter
- Salz
- schwarzer Pfeffer aus der Mühle

ZUBEHÖR:

- Aroma Pfanne, Maiskolbenhalter

— Die Aroma Pfanne auf den Grillrost stellen und 10 Minuten vorheizen: indirekte Hitze/Stufe 2 (etwa 220–240 °C)/großer Brenner/geschlossener Deckel. Die Haselnusskerne in die Aroma Pfanne geben und darin 5 Minuten unter ständigem Rühren rösten, bis sie zu duften beginnen. Dann aus der Pfanne nehmen und auskühlen lassen.

— Den Zuckermais von Blättern und Fäden befreien, waschen, trocken tupfen und auf dem Grill bei geschlossenem Deckel 20 Minuten garen. Nach 10 Minuten einmal wenden.

— In der Zwischenzeit die abgekühlten Haselnusskerne mit den Espressobohnen in den Blitzhacker geben und mittelfein hacken. Butter, ½ TL Salz und ⅓ TL Pfeffer dazugeben und zu einer luftigen Buttercreme aufschlagen. Die Maiskolben vom Grill nehmen und rundherum mit der Creme bestreichen. Auf Maiskolbenhalter spießen und servieren.

DAZU PASST: Shepherd's Pie vegetarisch (Seite 110), Beefribs mit Barbecue-Glaze (Seite 68), Tex-Mex-Pfanne mit Tortilla-Chips (Seite 51)

Apfel-Toast-Spieße

MIT TOFU

FÜR 6 SPIESSE
ZUBEREITUNGSZEIT:
45 MINUTEN + 2 STUN-
DEN MARINIERZEIT

- 1 rote Zwiebel
- ½ rote Chilischote
- 1 Stück Ingwer (ca. 1 cm)
- 1 Limette
- 200 g Naturtofu
- 25 g Shiro-Misopaste
- 25 g fester Honig
- 30 ml Bratöl
- 1 Apfel (z. B. Granny Smith)
- 3 Scheiben Toastbrot (75 g)

ZUBEHÖR:
- 6 Holzspieße

— Die Zwiebel schälen, vierteln und die einzelnen Hautschichten voneinander trennen. Die Chilischote längs halbieren, entkernen, waschen und sehr fein hacken. Den Ingwer schälen und sehr fein reiben. Die Limette halbieren und den Saft auspressen. Den Tofu aus der Packung nehmen, trocken tupfen und in etwa 1,5 cm große Würfel schneiden.

— Misopaste, Honig und Öl mit Chili, Limettensaft und Ingwer in einer großen Schüssel zu einer Marinade vermengen. Den Tofu dazugeben, gründlich mischen und alles mit Frischhaltefolie abgedeckt für mindestens 2 Stunden im Kühlschrank marinieren.

— Den Apfel waschen, trocken reiben, vierteln und entkernen. Die Viertel einmal längs und einmal quer halbieren. Die Toastbrotscheiben längs und quer dritteln. Für 2 Minuten zum Tofu geben und gut durchmischen, damit die Marinade an allen Seiten haftet.

— Abwechselnd Tofu, Apfel, Toastbrot und Zwiebel auf die Spieße stecken. Den Grill mit dem Grillrost 5 Minuten vorheizen: indirekte Hitze/Stufe 2 (etwa 220–240 °C)/großer Brenner/geschlossener Deckel. Anschließend die Spieße für 3 Minuten bei geschlossenem Deckel grillen und zwischendurch wenden. Dann die Spieße auf Teller verteilen und servieren.

TIPP: Die Spieße lassen sich auch wunderbar auf der Grillplatte grillen. Diese dann vorher mit etwas Öl einfetten.

DAZU PASST: Asia-Coleslaw (Seite 158), Süßkartoffel-Kokos-Curry-Pfanne (Seite 102), Gegrillte Avocado mit Birnen-Chutney (Seite 106)

Blumenkohl-Wings

**FÜR 4 PORTIONEN
ZUBEREITUNGSZEIT:
40 MINUTEN**

- ½ Blumenkohl
- Salz
- 5 g getrocknete Steinpilze
- 30 g Parmesan
- 1 kleine Schalotte
- 1 Ei
- 1 EL Sojasauce
- 50 g gewalzte Cornflakes (aus dem Bioladen, alternativ ungesüßte Cornflakes)
- 30 g Mehl

ZUBEHÖR:

- *Halbmond-Gourmet-Schale mit gelochtem Boden*

– Den Blumenkohl waschen, putzen und in feine Röschen teilen, große Röschen halbieren. Den Blumenkohl in einem Topf in Salzwasser 4 Minuten blanchieren, in ein Sieb abgießen und abtropfen lassen.

– Die Steinpilze im Blitzhacker fein mahlen, dann den Parmesan dazugeben und ebenfalls fein mahlen. Die Schalotte schälen, in den Blitzhacker geben und alles zu einer feinen Masse pürieren. Die Pilz-Parmesan-Würzpaste mit dem Ei und der Sojasauce in eine große Schüssel geben und gut vermischen. Die Cornflakes in einen Gefrierbeutel füllen, mit einem Nudelholz grob zerstoßen und in einen tiefen Teller füllen.

– Den Grill mit der Halbmond-Gourmet-Schale 5 Minuten vorheizen: indirekte Hitze/Stufe 2 (etwa 220–240 °C)/großer Brenner/geschlossener Deckel. Das Mehl in einen weiteren tiefen Teller geben und darin den Blumenkohl wälzen. Dann die Blumenkohlröschen in der Würzpaste durchmischen, sodass die Paste die Röschen gut ummantelt.

– Dann die Blumenkohlröschen einzeln in den Cornflakes wälzen, auf den Grill legen und bei geschlossenem Deckel 20 Minuten grillen. Die Blumenkohlröschen zwischendurch immer wieder wenden. Auf Teller verteilen und servieren.

DAZU PASST: Ketchup aus gerösteten Kirschtomaten (Seite 167), Barbecue-Ketchup (Seite 164), Baked Beans (Seite 150)

Schupfnudelpfanne
MIT LAUCH, BIRNEN & GORGONZOLA

**FÜR 4 PORTIONEN
ZUBEREITUNGSZEIT:
25 MINUTEN**

- ½ Stange Lauch (150 g)
- 2 Birnen
- 75 g Gorgonzola
- 2 EL Olivenöl
- 400 g Schupfnudeln (Kühltheke)
- schwarzer Pfeffer aus der Mühle

ZUBEHÖR:
- *Barbecue-Wok mit Aufsatz*

— Den Lauch längs halbieren, waschen, putzen und in feine Ringe schneiden. Die Birnen waschen, achteln, entkernen und quer halbieren. Den Gorgonzola grob würfeln.

— Den Wok-Aufsatz und den Wok auf den Trichter (Vulkanstellung) setzen und 5 Minuten vorheizen: direkte Hitze/Stufe 2 (etwa 220–240°C)/großer Brenner/Wok-Deckel geschlossen. Das Olivenöl in den Wok geben und die Schupfnudeln darin unter gelegentlichem Wenden 5 Minuten anbraten.

— Den Lauch dazugeben und 2 Minuten garen, dann die Birnenstücke hinzufügen und alles 3 Minuten braten. Zum Schluss den Gorgonzola unterheben und 1 Minute darin schmelzen lassen. Mit Pfeffer abschmecken, auf Tellern anrichten und servieren.

DAZU PASST: Gemüsepfanne provenzalische Art (Seite 157), Mangold-Bulgur-Päckchen mit Feta (Seite 125)

Kürbiscannelloni
AUS DEM DUTCH OVEN

**FÜR 6 PORTIONEN
ZUBEREITUNGSZEIT:
1 STUNDE 15 MINUTEN**

- 1 Knoblauchzehe
- 300 g Hokkaido-Kürbis
- 250 g Ricotta
- Salz
- schwarzer Pfeffer aus der Mühle
- 12 Cannelloni (125 g)
- 200 g Stangensellerie
- 500 g Kirschtomaten
- 2 Zwiebeln
- 125 g Mozzarella
- 2 EL Olivenöl
- 1 EL Tomatenmark

ZUBEHÖR:
- *Spritzbeutel mit großer Tülle, Dutch Oven*

— Den Knoblauch schälen und fein hacken. Den Kürbis gründlich waschen und putzen. Den Kürbis halbieren, entkernen und in grobe Stücke schneiden. Die Kürbisstücke portionsweise im Blitzhacker oder in einer Küchenmaschine fein hacken. Knoblauch, Kürbis und Ricotta in eine Schüssel geben, alles gründlich vermischen und kräftig mit Salz und Pfeffer würzen. Die Masse in einen Spritzbeutel mit großer Tülle geben und die Cannelloni damit gleichmäßig befüllen.

— Den Sellerie sowie die Tomaten waschen und die Zwiebeln schälen. Den Sellerie sowie die Zwiebel sehr fein würfeln und die Tomaten vierteln. Den Mozzarella abtropfen lassen, klein zupfen oder in sehr feine Scheiben schneiden.

— Den Dutch Oven auf den Grillrost stellen und 15 Minuten vorheizen: indirekte Hitze/Stufe 2 (etwa 220–240 °C)/großer Brenner/geschlossener Deckel. Das Öl in den vorgeheizten Dutch Oven geben und die Zwiebel- und Selleriewürfel darin bei offenem Deckel unter gelegentlichem Rühren 7 Minuten anbraten. Das Tomatenmark hinzugeben und weitere 2 Minuten unter Rühren anrösten. Die Tomatenwürfel, 1 TL Salz und etwas Pfeffer in den Dutch Oven geben, den Deckel vom Dutch Oven auflegen und den Grill schließen. Alles 5 Minuten köcheln lassen.

— Den Deckel vom Dutch Oven abnehmen, die Cannelloni in die Sauce geben und den Mozzarella darauf verteilen. Den Deckel vom Dutch Oven wieder auflegen, den Dutch Oven auf die Rostmitte stellen und den Grill schließen. Die Cannelloni 30 Minuten garen: indirekte Hitze/Stufe 2 (etwa 220–240 °C)/großer Brenner/geschlossener Deckel. Dann den Deckel vom Dutch Oven abnehmen, den Grill schließen und weitere 5 Minuten garen. Die Cannelloni vorsichtig herausheben, mit der Sauce auf Teller verteilen und servieren.

Mangold-Bulgur-Päckchen mit Feta

FÜR 4 PORTIONEN
ZUBEREITUNGSZEIT:
45 MINUTEN

- 100 g Bulgur
- Salz
- 1 Frühlingszwiebel
- 4 getrocknete Aprikosen
- 100 g Feta
- 4 Zweige Thymian
- 2 Stängel Minze
- schwarzer Pfeffer aus der Mühle
- 2 Stängel Zitronengras (alternativ 16 Zahnstocher)
- 8 große Blätter Mangold
- 1 EL Olivenöl

– Den Bulgur in einem Topf mit 200 ml Salzwasser zum Kochen bringen und dann mit geschlossenem Deckel bei kleiner Hitze 10 Minuten köcheln lassen. Vom Herd nehmen und abkühlen lassen.

– In der Zwischenzeit die Frühlingszwiebel waschen, putzen und fein hacken. Die Aprikosen fein würfeln und den Feta fein zerbröseln. Den Thymian und die Minze waschen und trocken schütteln, die Nadeln und Blätter abzupfen und fein hacken. Dann alles mit dem gekochten Bulgur mischen und mit Pfeffer würzen.

– Bei den Zitronengrasstängeln die äußeren Blätter entfernen und die Enden abschneiden, Stängel dann längs vierteln und quer halbieren. Die Mangoldblätter waschen und trocken schütteln. Jeweils die Blattrippen von den Rückseiten der Blätter flach abschneiden, damit sie leicht aufzurollen sind.

– Die Mangoldblätter längs auf der Arbeitsfläche verteilen und jeweils 1 EL der Bulgurmasse auf das untere Ende geben. Dann die langen Blattseiten rechts und links zur Mitte einschlagen und die Mangoldblätter von unter nach oben eng aufrollen. Die Mangoldröllchen mit zwei Zitronengrasstängeln schließen, indem diese durch die Rollen gestochen werden.

– Den Grill mit dem Grillrost 5 Minuten vorheizen: indirekte Hitze/Stufe 2 (etwa 220–240 °C)/großer Brenner/geschlossener Deckel. Die Mangoldröllchen von allen Seiten mit dem Olivenöl bestreichen und 4–6 Minuten bei geschlossenem Deckel grillen. Auf Teller verteilen und servieren.

TIPP: Auch Rote-Bete-Blätter lassen sich dafür prima verwenden. Keinen Bulgur da? Mit Hirse, Couscous oder Quinoa schmeckt das Gericht auch sehr gut.

DAZU PASST: Baguette mit Limetten-Chili-Parmesan-Butter (Seite 141), Knusprige Parmesan-Zitronen-Kartoffeln (Seite 142), Fächerzucchini mit Tomatenbutter (Seite 152), Gemüsepfanne provenzalische Art (Seite 157)

Indisch gefüllte

PAPRIKA MIT KICHERERBSEN

FÜR 4 PORTIONEN
ZUBEREITUNGSZEIT:
45 MINUTEN

- 4 kleine gelbe oder rote Paprikaschoten
- 1 Zwiebel
- 1 Glas Kichererbsen (220 g Abtropfgewicht)
- 250 g Kirschtomaten
- 40 g Ghee (alternativ neutrales Öl)
- 1 TL Currypulver
- ½ TL gemahlene Kreuzkümmelsamen
- Salz

ZUBEHÖR:
- Aroma Pfanne

– Die Paprikaschoten waschen, die Deckel der Paprika knapp abtrennen, die Paprika entkernen. Die Zwiebel schälen und fein würfeln. Die Kichererbsen in ein Sieb abgießen, abspülen und abtropfen lassen. Die Tomaten waschen und in feine Würfel schneiden.

– Die Aroma Pfanne auf den Grillrost stellen und 5 Minuten vorheizen: indirekte Hitze/Stufe 3 (etwa 320–350 °C)/großer Brenner/geschlossener Deckel. Das Ghee in der Pfanne schmelzen lassen und die Zwiebel darin in 1 Minute glasig dünsten. Currypulver, Kreuzkümmelsamen und 1 TL Salz hinzufügen und für 1 Minute mitrösten, dann die Kichererbsen hinzugeben und für 2 Minuten rösten. Die Tomatenwürfel hineingeben und für weitere 2 Minuten garen. Die Aroma Pfanne vom Grill nehmen und die Paprikaschoten mit der Tomatenmasse füllen. Die Deckel auflegen und die Paprikaschoten in die Aroma Pfanne setzen.

– Die Aroma Pfanne wieder auf den Grill stellen, die Hitze auf Stufe 2 (etwa 220–240 °C) reduzieren und die Paprika ca. 30 Minuten grillen. Herausnehmen, auf Tellern anrichten und servieren.

DAZU PASST: Baguette mit Limetten-Chili-Parmesan-Butter (Seite 141), Walnuss-Weizenvollkornbrot aus dem Dutch Oven (Seite 139), Hotdog-Stockbrot (Seite 134)

Auberginen-Mango-Kartoffel-Spieße

**FÜR 8 SPIESSE
ZUBEREITUNGSZEIT:
55 MINUTEN**

FÜR DIE SPIESSE:
- 2 festkochende mittelgroße Kartoffeln (300 g)
- 1 mittelgroße Aubergine (200 g)
- Salz
- 1 Mango
- 2 EL Bratöl
- 1 TL Garam-Masala-Gewürzmischung (alternativ Currypulver)

FÜR DEN DIP:
- ½ Bio-Limette
- 100 g Naturjoghurt (3,8 % Fett)
- ½ TL gemahlener Kurkuma
- ¼ TL gemahlener Kardamom
- Salz

ZUBEHÖR:
- *Spiralschneider, 8 Holzspieße, Grillrost Diamond*

– Für die Spieße die Kartoffeln gründlich waschen und längs auf den Spiralschneider stecken. Die Kartoffeln in breite Spiralen schneiden und etwa alle 3 Umdrehungen abschneiden. Die Aubergine waschen, putzen und in 2 cm große Stücke schneiden. Die Aubergine in eine Schüssel geben, mit 1 TL Salz mischen und etwa 15 Minuten ziehen lassen. Dann in einem Sieb abtropfen lassen und trocken tupfen. Die Mango schälen, vom Kern lösen und ebenfalls in 2 cm große Stücke schneiden.

– Öl und Garam Masala in einer großen Schüssel vermischen und Kartoffelspiralen, Mango und Aubergine damit marinieren. Dann abwechselnd auf Holzspieße aufstecken und dabei mit Mango oder Aubergine abschließen, damit der Spieß gut zusammenhält.

– Für den Dip die Limette heiß abspülen, trocken reiben und die Schale fein abreiben. In eine Schüssel geben, die restlichen Zutaten hinzufügen, alles vermischen und mit Salz abschmecken.

– Den Grill mit dem Grillrost Diamond 10 Minuten vorheizen: indirekte Hitze/Stufe 3 (etwa 320–350 °C)/großer Brenner/geschlossener Deckel. Die Spieße auf dem Grill (Mitte) 3 Minuten pro Seite bei geschlossenem Deckel grillen. Die fertigen Spieße mit dem Dip servieren.

TIPP: Wer keinen Spiralschneider hat, kann die Kartoffeln auch mit einer Gemüsereibe in dünne Scheiben hobeln. Die Scheiben beim Aufstecken in der Mitte einmal locker zusammenfalten.

DAZU PASST: Süßkartoffel-Kokos-Curry-Pfanne (Seite 102), Indisch gefüllte Paprika mit Kichererbsen (Seite 127)

i-Tüpfelchen

x

Tomatenstockbrot

**FÜR 12 STÜCK
ZUBEREITUNGSZEIT:
45 MINUTEN +
3 STUNDEN GEHZEIT**

- 5 g Hefe
- 500 g Weizenmehl (Type 405 oder 550)
- 100 g getrocknete Tomaten (in Öl)
- 10 g Salz
- Mehl zum Arbeiten

ZUBEHÖR:
- 12 unbehandelte Holzrundstäbe (Durchmesser: 0,8 cm, Länge: 20 cm), gelochtes Backblech

- Die Hefe in einer Schüssel mit 225 ml lauwarmem Wasser auflösen, dann das Mehl zugeben und 3 Minuten mit den Knethaken des Handrührgeräts zu einem glatten Teig verkneten. Die Tomaten in ein Sieb abgießen und das Öl dabei auffangen. 10 g Öl sowie Salz zum Teig geben und alles für weitere 2 Minuten kneten. Den Teig auf die leicht bemehlte Arbeitsfläche geben, von oben unter den Teig greifen und in die Mitte drücken. Den Teig um 90 Grad drehen und diesen Arbeitsschritt 8–10 Mal wiederholen. Den Teig in eine Schüssel geben und mit Frischhaltefolie abgedeckt 1 Stunde ruhen lassen.

- In der Zwischenzeit die Tomaten in einem Sieb abtropfen lassen und fein hacken. Dann die Tomaten in den Teig kneten und mindestens 2 Stunden gehen lassen.

- Den Teig in 12 gleich große Portionen teilen und jeweils zu etwa 30 cm langen und 1 cm dicken Rollen formen. Die Rollen jeweils um einen dicken Holzstab wickeln. Den Grill mit dem Grillrost 5 Minuten vorheizen: indirekte Hitze/Stufe 3 (etwa 320–350 °C)/großer Brenner/geschlossener Deckel. Die Hitze auf Stufe 2 (etwa 220–240 °C) reduzieren. Die Stäbe in das gelochte Backblech oder alternativ auf den Grillrost Diamond stecken. Die Stockbrote bei geschlossenem Deckel 20 Minuten backen und servieren.

Hotdog-Stockbrot

**FÜR 12 STÜCK
ZUBEREITUNGSZEIT:
45 MINUTEN +
3 STUNDEN GEHZEIT**

- 5 g Hefe
- 500 g Weizenmehl (Type 405 oder 550)
- 20 ml Olivenöl
- 10 g Salz
- etwas Mehl zum Arbeiten
- 40 g Röstzwiebeln
- 12 Wiener Würstchen (ca. 500 g)

ZUBEHÖR:
- 12 unbehandelte Holzrundstäbe (Durchmesser: 0,8 cm, Länge: 20 cm) gelochtes Backblech

— Die Hefe in einer Schüssel mit 225 ml lauwarmen Wasser auflösen, dann das Mehl zugeben und 3 Minuten mit den Knethaken des Handrührgeräts zu einem Teig verkneten. Das Olivenöl und Salz zugeben und alles für weitere 2 Minuten kneten. Den Teig auf die leicht bemehlte Arbeitsfläche geben, von oben unter den Teig greifen und in die Mitte drücken. Den Teig um 90 Grad drehen und diesen Arbeitsschritt 8–10 Mal wiederholen. Den Teig in eine Schüssel geben und mit Frischhaltefolie abgedeckt 1 Stunde ruhen lassen.

— Die Röstzwiebeln in den Teig kneten und wieder abgedeckt mindestens 2 Stunden gehen lassen.

— Den Teig in 12 gleich große Portionen teilen und jeweils zu etwa 30 cm langen und 1 cm dicken Rollen formen. Jeweils 1 Würstchen auf einen Stab stecken und mit einer Teigrolle umwickeln.

— Den Grill mit dem Grillrost 5 Minuten vorheizen: indirekte Hitze/Stufe 3 (etwa 320–350 °C)/großer Brenner/geschlossener Deckel. Die Hitze auf Stufe 2 (etwa 220–240 °C) reduzieren. Die Stäbe in das gelochte Backblech oder alternativ auf den Grillrost Diamond stecken. Die Stockbrote bei geschlossenem Deckel 20 Minuten backen und servieren.

DAZU PASST: Barbecue-Ketchup (Seite 164)

Oliven-Focaccia

**FÜR 4 PORTIONEN
ZUBEREITUNGSZEIT:
1 STUNDE + 25 STUNDEN
GEHZEIT**

- 3 g frische Hefe
- 12 g Meersalz (grob oder Flocken)
- 100 g schwarze Oliven (ohne Stein)
- 500 g Weizenmehl (Type 405 oder 550)
- 2 Zweige Rosmarin
- 30 g Olivenöl

ZUBEHÖR:

- *Pizzastein, Pizzaschaufel*

– Am Vortag die Hefe mit 10 g Salz und 400 ml Wasser in eine große Schüssel geben und verrühren. Die Oliven vierteln und mit dem Weizenmehl zur Hefe-Wasser-Mischung geben. Mit den Knethaken des Handrührgeräts 1 Minute glatt rühren. Den Teig mit Frischhaltefolie abgedeckt bei Zimmertemperatur 20 Minuten ruhen lassen.

– Den Teig mit einem Teigspatel an einer Schüsselseite von unten nach oben hochziehen und über den restlichen Teig auf die gegenüberliegende Schüsselseite ziehen. Die Schüssel um 90 Grad drehen und diesen Arbeitsschritt noch 8–10 Mal wiederholen. (Durch das Dehnen und Falten wird der Teig straffer.) Den Teig 2 Mal jeweils 20 Minuten gehen lassen und dazwischen den Teig, wie oben beschrieben, dehnen und falten. Dann den Teig mit Frischhaltefolie abgedeckt für 24 Stunden im Kühlschrank gehen lassen.

– Am nächsten Tag den Rosmarin waschen, trocken schütteln, die Nadeln abzupfen und grob hacken. Den Teig aus der Schüssel mittig auf die mit Backpapier ausgelegten Pizzaschaufel gleiten lassen und vorsichtig zu einem flachen Rechteck oder Oval (etwa 3 cm dick) ziehen, sodass möglichst wenig Gärgase entweichen. Die vier Enden des Backpapiers nach oben aufzwirbeln.

– Den Pizzastein auf den Grillrost stellen und 10 Minuten vorheizen: indirekte Hitze/Stufe 3 (etwa 320–350 °C)/großer Brenner/geschlossener Deckel. Mit einem Esslöffel Vertiefungen in die Teigoberfläche drücken und das Olivenöl darüber verteilen. Dann mit dem Rosmarin sowie dem restlichen Salz bestreuen und mit dem Backpapier auf den vorgeheizten, belegten Pizzastein schieben. Focaccia bei geschlossenem Deckel etwa 30 Minuten backen. Dann auf einem Rost abkühlen lassen und servieren.

Walnuss-
WEIZENVOLLKORNBROT AUS DEM DUTCH OVEN

FÜR 1 BROT
ZUBEREITUNGSZEIT:
1 STUNDE 10 MINUTEN +
25 STUNDEN GEHZEIT

- 1 g Hefe (erbsengroßes Stück)
- 600 g Weizenvollkornmehl
- 10 g Salz
- 75 g Walnusskerne
- etwas Mehl zum Arbeiten

ZUBEHÖR:
- *Dutch Oven*

– Die Hefe in einer Schüssel mit 410 ml lauwarmem Wasser auflösen. Dann das Mehl mit den Knethaken des Handrührgerätes 4 Minuten unterrühren, Salz und Walnusskerne zugeben und zu einem homogenen Teig verkneten. Den Teig luftdicht abgedeckt in einer Schüssel bei Raumtemperatur 24 Stunden gehen lassen, dazu nach 8 und 16 Stunden den Teig dehnen und falten: Den Teig mit einem Teigspatel von einer Seite des Schüsselrandes hochziehen und über die Teigmitte auf die gegenüberliegende Seite der Schüssel ziehen und leicht andrücken. Die Schüssel um 90 Grad drehen und die Prozedur insgesamt 12 Mal wiederholen. Den Teig weiter abgedeckt bei Raumtemperatur ruhen lassen.

– Nach 24 Stunden den Teig auf eine bemehlte Arbeitsfläche geben und rundwirken: Dazu den Teigrand hochziehen und mit dem Handballen in die Teigmitte drücken. Das etwa 9 Mal wiederholen und das Teigstück dabei immer ein kleines Stück weiter drehen, bis der Teig glatt und rund ist. Den bearbeiteten Teig mit der glatten Seite nach oben in einen bemehlten Gärkorb legen und abgedeckt eine weitere Stunde gehen lassen. Alternativ in eine saubere Schüssel legen, die mit einem sauberen, bemehlten Geschirrtuch ausgelegt ist.

– Den Dutch Oven auf den Grillrost stellen und 10 Minuten vorheizen: indirekte Hitze/Stufe 3 (etwa 320–350 °C)/großer Brenner/ geschlossener Deckel. Zum Backen den Dutch Oven öffnen. Das Brot in den Dutch Oven stürzen, sofort den Deckel auflegen und die Hitze auf Stufe 2 (etwa 220–240 °C) reduzieren.

– 40 Minuten bei geschlossenem Deckel backen, dann den Deckel des Dutch Oven entfernen und weitere 10 Minuten backen, damit das Brot eine knusprige Kruste bekommt. Das Walnuss-Weizenvollkornbrot aus dem Dutch Oven heben und vor dem Anschneiden auf einem Kuchengitter vollständig auskühlen lassen.

Baguette

MIT LIMETTEN-CHILI-PARMESAN-BUTTER

**FÜR 4 PORTIONEN
ZUBEREITUNGSZEIT:
25 MINUTEN**

- ½ Schalotte
- ½ kleine grüne Chilischote
- ½ Bio-Limette
- 25 g Parmesan
- 75 g zimmerwarme Butter
- Salz
- 2 Aufback-Baguettes

– Die Schalotte schälen und sehr fein würfeln. Die Chilischote längs halbieren, entkernen, waschen und sehr fein hacken. Die Limette heiß waschen, trocken reiben und die Schale fein abreiben. Den Parmesan ebenfalls fein reiben. Schalotte, Chilischote, Limettenschale und Parmesan mit der Butter in eine Schüssel geben, mit einer Gabel gründlich vermengen und mit Salz abschmecken.

– Die Baguettes schräg im Abstand von etwa 2 cm tief einschneiden. Die Limetten-Chili-Parmesan-Butter zwischen die Einschnitte streichen. Den Grill mit dem Rost 5 Minuten vorheizen: indirekte Hitze/Stufe 2 (etwa 220–240 °C)/großer Brenner/geschlossener Deckel. Die Baguettes auf den Grillrost geben und 10–12 Minuten bei geschlossenem Deckel backen. Dann herausnehmen, etwas abkühlen lassen und servieren.

Knusprige Parmesan
ZITRONEN-KARTOFFELN

**FÜR 4 PORTIONEN
ZUBEREITUNGSZEIT:
40 MINUTEN**

- 1 kg festkochende Kartoffeln (z.B. Drillinge)
- 2 Knoblauchzehen
- 50 g Parmesan
- 1 Bio-Zitrone
- 50 g kalte Süßrahmbutter
- Salz

ZUBEHÖR:
- *gelochtes Backblech*

— Die Kartoffeln waschen und längs halbieren. Den Knoblauch schälen und grob hacken. Den Parmesan fein reiben. Die Zitrone heiß abspülen und die Schale fein abreiben. Den Grill mit dem Grillrost 5 Minuten vorheizen: indirekte Hitze/Stufe 3 (etwa 320–350 °C)/großer Brenner/geschlossener Deckel.

— Inzwischen Butter, Knoblauch, Parmesan und Zitronenschale in den Blitzhacker oder in die Küchenmaschine geben und zu einer cremigen Masse pürieren. Backpapier auf die Größe des gelochten Backblechs zuschneiden und dieses damit auslegen. Mit der Knoblauch-Zitronen-Butter bestreichen. Die Kartoffeln mit der Schnittfläche nach unten in die Butter drücken.

— Das Backblech auf die Mitte des Grills legen und die Kartoffeln bei geschlossenem Deckel 18–20 Minuten backen. Zum Servieren mit der Schnittfläche nach oben auf eine Platte geben und leicht mit Salz würzen.

Polenta-Pekan-Pommes

FÜR 4 PORTIONEN
ZUBEREITUNGSZEIT:
40 MINUTEN +
AUSKÜHLZEIT (GGF.
ÜBER NACHT)

– 50 g Pekannüsse
– 50 g Parmesan
– Salz
– 50 g Butter
– 100 g Polenta
– schwarzer Pfeffer aus der Mühle

ZUBEHÖR:
– *Auflaufform (16 x 23 cm), gusseiserne Grillplatte, Wender*

– Am Vortag die Pekannüsse grob hacken und den Parmesan fein reiben. In einem Topf 300 ml Wasser mit ½ TL Salz und der Butter aufkochen. Die Polenta einrieseln lassen und bei kleiner Hitze unter ständigem Rühren 10 Minuten einkochen. Dann den Parmesan und die Pekannüsse unterheben.

– Die Auflaufform mit Backpapier auslegen, die Polentamasse hineinfüllen, glatt streichen und vollständig auskühlen lassen (am besten über Nacht im Kühlschrank). Die ausgekühlte Polenta in 1 cm breite und 8 cm lange Streifen schneiden.

– Am Grilltag die Grillplatte mit der glatten Seite nach oben auf den Trichter stellen und 10 Minuten vorheizen: indirekte Hitze/Stufe 3 (etwa 320–350 °C)/großer Brenner/geschlossener Deckel. Ein Backpapier auf die Größe der Grillplatte zuschneiden. Die Hitze auf Stufe 2 (etwa 220–240 °C) reduzieren.

– Die Polenta-Pekan-Pommes lose auf dem Backpapier verteilen und auf die Grillplatte schieben. Die Pommes bei geschlossenem Deckel 20 Minuten knusprig grillen. Nach 10 und 15 Minuten die Pommes wenden. Vom Grill nehmen, auf Schälchen verteilen und servieren.

Frittierte Kartoffel

SPIRALEN MIT THYMIAN-ZITRONEN-SALZ

**FÜR 4–5 PORTIONEN
ZUBEREITUNGSZEIT:
45 MINUTEN**

- 600 g festkochende Kartoffeln
- 10 Stängel Thymian
- 1 Bio-Zitrone
- Salz
- 1 l Frittieröl

ZUBEHÖR:

- *Spiralschneider, Barbecue Wok mit Aufsatz, Gourmet Check*

— Die Kartoffeln gründlich waschen und mit dem Spiralschneider in Spiralen schneiden, dabei regelmäßig durchschneiden, damit sie besser frittiert werden können. Alternativ mit einem Sparschäler die Kartoffel spiralisieren. Bis zur Verwendung in einer Schüssel mit ausreichend Wasser aufbewahren, damit die Kartoffeln nicht grau werden.

— Den Thymian waschen, trocknen schütteln, die Blätter abzupfen und fein hacken. Die Zitrone heiß abwaschen, trocknen reiben und die Schale fein abreiben. In einer Schüssel Thymian, Zitronenschale und ½ TL Salz mischen.

— Den Wok-Aufsatz und den Wok auf den Trichter (Vulkanstellung) setzen, das Frittieröl in den Wok füllen, den Wok-Deckel aufsetzen und den Wok etwa 10 Minuten vorheizen: direkte Hitze/Stufe 2 (etwa 220–240 °C)/großer Brenner/offener Deckel.

— Wenn das Öl heiß ist und eine Temperatur von 180 °C hat (Gourmet Check), die Kartoffeln in ein Sieb abgießen und gut abtropfen lassen. Die Kartoffeln portionsweise in das heiße Fett geben, dabei immer wieder vorsichtig umrühren. Nach etwa 8–9 Minuten hat das Öl wieder eine Temperatur von 175° C und die Kartoffeln sind gut gebräunt.

— Mit einer Schaumkelle die frittierten Spiralkartoffeln aus dem Fett heben und auf ein mit Küchenpapier ausgelegtes Gitter geben, kurz abtropfen lassen und noch heiß in einer Schüssel mit dem Kräutersalz mischen. Auf Schälchen verteilen und servieren.

TIPP: Das Gericht schmeckt auch mit Süßkartoffeln. Diese am besten in feine Scheiben hobeln

Maroni

GEGRILLT

**FÜR 2 PORTIONEN
ZUBEREITUNGSZEIT:
15 MINUTEN**

– 50 g kalte Butter
– 100 g Räuchertofu
– 2 EL Olivenöl
– 100 g vorgegarte Maronen
– 20 g Zucker
– ½ TL gemahlener Kardamom

ZUBEHÖR:
– Aroma Pfanne

– Die Aroma Pfanne auf den Grillrost stellen und vorheizen: indirekte Hitze/Stufe 3 (etwa 320–350 °C)/großer Brenner/geschlossener Deckel.

– Inzwischen die Butter und den Räuchertofu in feine Würfel schneiden. Das Olivenöl in die Aroma Pfanne geben und den Räuchertofu darin 5 Minuten unter gelegentlichem Wenden knusprig anbraten.

– Dann die Maronen zugeben und 3 Minuten garen. Den Zucker hinzufügen und unter ständigem Rühren karamellisieren lassen, dann die Butter und den Kardamom unterrühren. Sobald die Butter geschmolzen ist, die Maroni warm servieren, damit das Karamell nicht fest wird.

Baked
BEANS

**FÜR 4–6 PORTIONEN
ZUBEREITUNGSZEIT:
20 MINUTEN**

- 1 kleine Zwiebel
- 75 g Frühstücksspeck
- 1 TL gelbe Senfkörner (alternativ ½ TL Senfmehl)
- 1 Dose weiße Bohnen (250 g Füllgewicht)
- 200 ml passierte Tomaten
- 1 EL Sojasauce
- 1 EL Zuckerrübensirup (alternativ Ahornsirup)
- Salz
- etwas Tabasco

ZUBEHÖR:
- Aroma Pfanne

– Die Zwiebel schälen und fein würfeln. Den Speck ebenfalls fein würfeln. Die Senfkörner im Mörser fein mahlen. Die Bohnen in ein Sieb abgießen und abtropfen lassen.

– Die Aroma Pfanne auf den Grillrost stellen und vorheizen: indirekte Hitze/Stufe 3 (etwa 320–350 °C)/großer Brenner/geschlossener Deckel. Den Speck in die Aroma Pfanne geben und darin bei offenem Deckel 5 Minuten anbraten. Die Zwiebel dazugeben und 2 Minuten glasig dünsten. Dann Bohnen, Tomaten, Sojasauce und Sirup hinzufügen, Hitze auf Stufe 2 (etwa 220 - 240 °C) reduzieren und alles bei offenem Deckel 10 Minuten unter häufigem Rühren einkochen. Mit Salz und Tabasco abschmecken und servieren.

TIPP: Für eine vegetarische Variante anstelle des Frühstücksspecks 100 g Räuchertofu in 2 EL Öl 5 Minuten kross anbraten, dann wie im Rezept beschrieben fortfahren.

Fächerzucchini
MIT TOMATENBUTTER

FÜR 2 PORTIONEN
ZUBEREITUNGSZEIT:
30 MINUTEN +
4 STUNDEN GEFRIERZEIT

- 1 kleine Knoblauchzehe
- 25 g weiche Butter
- 1 TL Tomatenmark
- Salz
- schwarzer Pfeffer aus der Mühle
- 1 mittelgroße Zucchini

ZUBEHÖR:
- *Gemüsehobel*

– Den Knoblauch schälen und fein hacken. Mit der Butter und dem Tomatenmark gut vermischen und kräftig mit Salz und Pfeffer würzen. Die Butter auf ein Stück Frischhaltefolie geben, zu einer Rolle formen und für 4 Stunden ins Eisfach geben.

– Die Zucchini waschen, putzen und quer alle 3 mm einschneiden, aber nicht durchschneiden. Die Tomatenbutter aus dem Eisfach nehmen und auf einem Gemüsehobel in sehr dünne Scheiben hobeln. Die Butterhobel jeweils in die Einschnitte der Zucchini füllen. Den Zucchini auf ein Stück Alufolie setzen und entlang der Längsseiten aufwickeln. Die Alufolie an den kurzen Enden leicht verdrehen, sodass eine nach oben hin offene Schale für die Zucchini entsteht, die Butter nicht ausläuft und die Zucchini darin garen kann.

– Den Grill mit dem Grillrost 5 Minuten vorheizen: indirekte Hitze/Stufe 2 (etwa 220–240 °C)/großer Brenner/geschlossener Deckel. Die Fächerzucchini 20 Minuten bei geschlossenem Deckel grillen. Herausnehmen, auf Teller verteilen und servieren.

Balsamico-Tomaten
MIT FETA

**FÜR 2 PORTIONEN
ZUBEREITUNGSZEIT:
15 MINUTEN**

- 250 g Tomaten
- 5 Zweige junger Thymian
- 25 g Aceto balsamico
- 200 g Feta
- Salz
- schwarzer Pfeffer aus der Mühle

ZUBEHÖR:
- Aroma Pfanne

– Die Aroma Pfanne auf den Grillrost stellen und 10 Minuten vorheizen: indirekte Hitze/Stufe 3 (etwa 320–350 °C)/großer Brenner/geschlossener Deckel. Die Tomaten waschen. Den Thymian waschen, trocken schütteln und grob hacken. Die Tomaten in die heiße Aroma Pfanne geben und 2–3 Minuten rösten. Dann mit dem Balsamico ablöschen und verrühren.

– Den Feta aus der Packung nehmen, abtropfen lassen, in die Mitte der Aroma Pfanne legen und 2–3 Minuten bei geschlossenem Deckel braten. Dann den Feta wenden, den Thymian drübergeben und weitere 2–3 Minuten bei geschlossenem Deckel garen. Die Balsamico-Tomaten mit Salz und Pfeffer abschmecken, auf Teller verteilen und servieren.

DAZU PASST: Walnuss-Weizenvollkornbrot aus dem Dutch Oven (Seite 139), Oliven-Foccacia (Seite 137), Polenta-Pekan-Pommes (Seite 144)

Gemüsepfanne
PROVENZALISCHE ART

FÜR 4 PORTIONEN
ZUBEREITUNGSZEIT:
40 MINUTEN

- 2 rote Zwiebeln
- 2 Knoblauchzehen
- 300 g TK-Brech-bohnen
- 1 mittelgroße Knolle Fenchel
- ½ kleiner Bund Kräuter der Provence (alternativ 1 EL getrocknete Kräuter der Provence)
- 200 g bunte Cocktail-tomaten
- ½ Zitrone
- 2 EL Olivenöl
- Salz
- schwarzer Pfeffer aus der Mühle

ZUBEHÖR:
- *Barbecue Wok mit Aufsatz*

– Die Zwiebeln schälen und längs achteln. Den Knoblauch schälen und fein hacken. Die Bohnen in einem Sieb auftauen lassen. Den Fenchel waschen, putzen und in schmale Streifen schneiden. Die Kräuter waschen und trocken schütteln, Blätter abzupfen und fein hacken. Die Tomaten waschen. Die Zitrone auspressen.

– Den Wok-Aufsatz und den Wok auf den Trichter (Vulkanstellung) setzen, das Olivenöl in den Wok füllen, Wok-Deckel aufsetzen und den Wok etwa 10 Minuten vorheizen: direkte Hitze/Stufe 2 (etwa 220–240 °C)/großer Brenner/offener Deckel. Den Fenchel darin 3 Minuten anbraten. Die Bohnen hinzugeben und weitere 3 Minuten unter gelegentlichem Rühren anbraten.

– Dann Zwiebel und Knoblauch für 1 Minute zugeben und die Tomaten hinzufügen. Alles für 3 Minuten unter gelegentlichem Rühren anbraten. Zitronensaft, Kräuter und 1 TL Salz zugeben und 2 Minuten fertig garen. Mit Pfeffer abschmecken und servieren.

Asia-Coleslaw

**FÜR 4 PORTIONEN
ZUBEREITUNGSZEIT:
25 MINUTEN**

- 250 g Weißkohl
- Salz
- 1 TL Rohrzucker
- ½ Frühlingszwiebel
- 1 Stück Ingwer (ca. 1 cm)
- 1 Knoblauchzehe
- 10 g Koriandergrün
- ½ Bio-Limette
- 100 ml zimmerwarme Kokosmilch

– Den Weißkohl waschen, äußere Blätter entfernen und den Kohl auf der Gemüsereibe in feine Streifen reiben. In einer großen Schüssel mit ⅓ TL Salz und dem Zucker vermischen und die Masse gut durchkneten. Dann für mindestens 15 Minuten ruhen lassen.

– In der Zwischenzeit die Frühlingszwiebel waschen, putzen und schräg in feine Ringe schneiden. Den Ingwer schälen und fein reiben. Den Knoblauch schälen und sehr fein hacken. Den Koriander waschen, trocken schütteln, die Blätter abzupfen und fein hacken. Die Limette heiß abwaschen, die Schale abreiben und Saft auspressen.

– Die Kokosmilch gut durchrühren, mit Frühlingszwiebel, Ingwer, Knoblauch, Koriander sowie Limettenschale und -saft zu dem Krautsalat geben und gut durchmischen. Bis zum Verzehr abgedeckt stehen lassen.

TIPP: Der Salat lässt sich gut vorbereiten und schmeckt gut durchgezogen am besten. Vor dem Servieren frühzeitig aus dem Kühlschrank holen und noch einmal durchmengen, damit das Kokosfett wieder weich wird.

Kartoffelsalat mit GEGRILLTEN RADIESCHEN UND FENCHEL

FÜR 4 PORTIONEN
ZUBEREITUNGSZEIT:
1 STUNDE

- 500 g festkochende Kartoffeln
- 6 EL Olivenöl
- 40 g Haselnusskerne
- 1 mittelgroße Knolle Fenchel
- 1 Bund Radieschen mit frischem Blattgrün
- 2 Frühlingszwiebeln
- 125 g frischer Spinat
- 4 EL Apfel- oder Weißweinessig
- Salz
- 150 g Feta

ZUBEHÖR:
- Halbmond-Gourmet-Schale mit geschlossenem Boden, Barbecue Wok mit Aufsatz

– Den Grill mit dem Grillrost 5 Minuten vorheizen: indirekte Hitze/Stufe 3 (etwa 320–350 °C)/großer Brenner/geschlossener Deckel. Inzwischen die Kartoffeln waschen, trocknen, halbieren und in Spalten schneiden. 2 EL Olivenöl in die Halbmondschale geben. Die Kartoffelspalten hinzufügen und durchmischen, bis die Kartoffeln gut geölt sind.

– Die Halbmondschale auf den Grill stellen und die Kartoffelspalten 20 Minuten bei geschlossenem Deckel grillen. Dabei alle 5 Minuten die Kartoffeln wenden, damit sie gleichmäßig knusprig werden. Derweil den Fenchel waschen, putzen und in schmale Streifen schneiden. Die Radieschen vom Radieschengrün trennen, gründlich waschen und trocknen, dann längs halbieren. Vom Radieschengrün die besten Blätter auswählen, waschen und trocken schütteln. Die Frühlingszwiebeln waschen, putzen und in feine Ringe schneiden. Den Spinat waschen, trocken schütteln und grob hacken.

– Die Halbmondschale vom Grill nehmen und beiseite stellen. Den Trichter für direktes Grillen drehen (Vulkanstellung) den Wok-Aufsatz und den Wok auf den Trichter setzen, Wok-Deckel schließen und 10 Minuten vorheizen: direkte Hitze/Stufe 2 (etwa 220–240 °C)/großer Brenner/offener Deckel. Die Haselnusskerne darin unter Wenden kurz rösten bis sie zu duften beginnen. Dann herausnehmen und abkühlen lassen.

– 2 EL Olivenöl in den Wok füllen, die Radieschen mit der Schnittseite nach unten auf dem Wok-Boden verteilen und 6 Minuten bei offenem Deckel braten. Die Radieschen aus dem Wok nehmen und die Fenchelstreifen darin unter gelegentlichem Wenden und bei offenem Deckel 6 Minuten anbraten.

– Haselnusskerne, Radieschengrün, restliches Olivenöl, Essig und 1 TL Salz im Blitzhacker zu einem Dressing pürieren. Kartoffeln, Fenchel, Radieschen, Spinat und das Dressing in einer großen Schüssel miteinander vermengen und mit grob zerbröseltem Feta servieren.

Auberginen-Lasagne-Türmchen

**FÜR 4 PORTIONEN
ZUBEREITUNGSZEIT:
40 MINUTEN**

- 1 große Aubergine (ca. 300 g)
- Salz
- 3 Lasagneplatten (60 g)
- 200 g Tomaten
- 18 Basilikumblätter
- 1 Frühlingszwiebel
- 2 EL Olivenöl
- 1 EL Aceto bianco
- schwarzer Pfeffer aus der Mühle

ZUBEHÖR:
- Grillrost Diamond

- Die Aubergine waschen, trocknen, quer in 0,5 cm dicke Scheiben schneiden. Auf einem Brett auslegen, von beiden Seiten mit Salz bestreuen und 15 Minuten ziehen lassen.

- In der Zwischenzeit die Lasagneplatten quer dritteln, dazu ein großes Messer auf die Lasagneplatte legen und an der beabsichtigten Bruchstelle platzieren. Die Nudelplatte am Messer durch Anheben brechen.

- In einem Topf mit Salzwasser die Lasagneplattenstücke 8–10 Minuten garen, dann in ein Sieb abgießen, abschrecken und abtropfen lassen. Die Tomaten waschen und in dünne Scheiben schneiden. Das Basilikum waschen, trocken schütteln und die Blätter abzupfen. Die Frühlingszwiebel waschen, putzen und schräg in feine Ringe schneiden.

- Den Grill mit dem Grillrost Diamond 10 Minuten vorheizen: indirekte Hitze/Stufe 3 (etwa 320–350 °C)/großer Brenner/geschlossener Deckel. Die Aubergine trocken tupfen und in eine große Schüssel geben. Das Olivenöl hinzufügen und gut mit den Auberginen mischen. Die Auberginenscheiben auf den Rost legen und bei geschlossenem Deckel auf jeder Seite jeweils 2–3 Minuten grillen.

- Die Auberginen vom Grill nehmen und in einer Schüssel mit dem Essig mischen. Eine Nudelscheibe auf ein Brett legen, und die eine Hälfte mit jeweils einer Auberginenscheibe und einer Tomatenscheibe belegen. Dann mit etwas Frühlingszwiebel und 1 Basilikumblatt bestreuen und das freie Nudelende über das Basilikum schlagen. Nochmals Auberginen- und Tomatenscheiben und etwas Frühlingszwiebel und 1 Basilikumblatt darauflegen. Das Türmchen mit Pfeffer würzen und mit den restlichen Zutaten ebenso verfahren.

Barbecue-Ketchup

FÜR CA. 600 ML
ZUBEREITUNGSZEIT:
1 STUNDE 20 MINUTEN +
1 STUNDE EINWEICHZEIT

HALTBARKEIT:
6–8 WOCHEN

- 2 Handvoll Eichenholzchips
- 400 g Kirschtomaten
- 2 Zwiebeln
- 100 g Rohrohrzucker
- 100 ml Apfelessig
- Salz
- schwarzer Pfeffer aus der Mühle

ZUBEHÖR:
- Eichenholzchips, Aroma Pfanne, sterilisierte Flasche (600 ml), Räucherbox

– Die Eichenholzchips mindestens 1 Stunde vor Grillbeginn in eine Schüssel mit warmem Wasser legen. Die Tomaten waschen. Die Zwiebeln schälen und fein würfeln.

– Die Aroma Pfanne auf den Grillrost stellen und vorheizen: indirekte Hitze /Stufe 3 (etwa 320–350 °C)/großer Brenner/geschlossener Deckel. Die Tomaten für 3 Minuten in die heiße Pfanne geben und den Deckel schließen. Nach der Hälfte der Zeit einmal wenden. Den Deckel öffnen, die Hitze auf Stufe 1 (etwa 160–180 °C) reduzieren und den Zucker über die Tomaten streuen. Kurz karamellisieren lassen, dann mit dem Essig ablöschen und die Zwiebel zugeben.

– Den Grill ausstellen, die Aroma Pfanne von der Flamme nehmen und beiseitestellen. Das Wasser aus der Räucherchips-Schüssel abgießen, Chips gelockert in die Räucherbox geben und den Deckel schließen. Gefüllte Räucherbox mit Aufhängung in die Grillkammer (unter den Trichter, nicht über die Lüftungsschlitze) hängen.

– Räucherbox auf höchster Temperatur einheizen: indirekte Hitze/Stufe 3 (etwa 320 - 350 °C)/ großer Brenner/geschlossener Deckel, bis sich starker Rauch bildet. Dann die Hitze auf Stufe 1 (etwa 160–180 °C) reduzieren und die Aroma Pfanne mit den Tomaten über die Rauchquelle stellen. Den Deckel schließen und für 45 Minuten räuchern: indirekte Hitze Hitze/Stufe 1 (etwa 160–180 °C)/ großer Brenner/geschlossener Deckel.

– Die Hitze auf Stufe 3 erhöhen und die Tomaten für 7–10 Minuten unter gelegentlichem Rühren einkochen lassen: indirekte Hitze/Stufe 3 (etwa 320–350 °C)/großer Brenner/offener Deckel. Dann mit 1 TL Salz und Pfeffer würzen und die Tomatenmasse mit dem Stabmixer fein pürieren. Das heiße Ketchup sofort in eine sterilisierte Flasche füllen und fest verschließen.

VARIANTE: Für eine Brombeer-Bourbon-Barbecuesauce (im Bild unten) in die Aroma Pfanne vor dem Einkochen 50 ml Bourbon Whiskey und 120 g Brombeeren (frisch oder TK) geben.

Ketchup aus gerösteten Kirschtomaten

FÜR CA. 600 ML
ZUBEREITUNGSZEIT:
25 MINUTEN

HALTBARKEIT:
6–8 WOCHEN

- 400 g Kirschtomaten
- 2 Zwiebeln
- 100 g Rohrohrzucker
- 100 ml Apfelessig
- Salz
- schwarzer Pfeffer aus der Mühle

ZUBEHÖR:
- Aroma Pfanne, sterilisierte Flasche (600 ml)

— Die Tomaten waschen. Die Zwiebeln schälen und fein würfeln. Die Aroma Pfanne auf den Grillrost stellen und 10 Minuten vorheizen: indirekte Hitze/Stufe 3 (etwa 320–350 °C)/großer Brenner/geschlossener Deckel.

— Die Tomaten für 3 Minuten in die heiße Pfanne geben und den Deckel schließen. Nach der Hälfte der Zeit wenden. Den Deckel öffnen, die Hitze auf Stufe 2 (etwa 220–240 °C) reduzieren und den Zucker über die Tomaten streuen. Kurz karamellisieren lassen, dann mit dem Essig ablöschen und die Zwiebeln dazugeben. Bei geschlossenem Deckel 10 Minuten einköcheln lassen und dabei gelegentlich umrühren.

— Die Aroma Pfanne vom Grill nehmen und die Masse in einen hohen Rührbecher füllen. Mit dem Stabmixer fein pürieren und mit je 1 TL Salz und Pfeffer würzen. Das heiße Ketchup sofort in eine sterilisierte Flasche füllen und fest verschließen.

sen-Ketchup

FÜR 500 ML
ZUBEREITUNGSZEIT:
30 MINUTEN

HALTBARKEIT:
6–8 WOCHEN

– 300 g Aprikosen
– 300 g Kirschtomaten
– 4 Schalotten
– 80 g Zucker
– 100 ml Apfelessig
– Salz

ZUBEHÖR:
– *Aroma Pfanne, sterilisierte Flasche (500 ml)*

– Die Aprikosen und die Tomaten waschen. Die Aprikosen halbieren und entkernen, dann in Würfel schneiden und die Tomaten vierteln. Die Schalotten schälen und fein würfeln. Aprikosen, Tomaten und Schalotten mit dem Zucker und dem Essig in die Aroma Pfanne geben.

– Den Grill mit dem Grillrost 10 Minuten vorheizen: indirekte Hitze/Stufe 3 (etwa 320–350 °C)/großer Brenner/geschlossener Deckel. Die Aroma Pfanne auf den vorgeheizten Grillrost stellen und alles bei geschlossenem Deckel aufkochen lassen. Das Ketchup 8–10 Minuten unter gelegentlichem Rühren einköcheln lassen.

– Die Aroma Pfanne vom Grill nehmen und etwas auskühlen lassen. Dann die Masse mit dem Stabmixer fein pürieren und mit 1 TL Salz würzen. Das heiße Ketchup sofort in eine sterilisierte Flasche füllen und fest verschließen.

Auberginen-Dip
MIT MINZE

FÜR CA. 250 G
ZUBEREITUNGSZEIT:
35 MINUTEN

HALTBARKEIT: 1 WOCHE IM KÜHLSCHRANK

- 200 g Aubergine
- 1 Knoblauchzehe
- 2 TL Olivenöl
- Salz
- 1 Stängel Minze
- 75 g Naturjoghurt (3,8 % Fett)
- schwarzer Pfeffer aus der Mühle

— Die Aubergine waschen, längs halbieren und die Schnittfläche rautenförmig 1 cm breit einschneiden. Den Knoblauch schälen und fein hacken, dann mit dem Öl und ½ TL Salz mischen und die Schnittflächen der Auberginenhälften damit einpinseln.

— Den Grill mit dem Grillrost 5 Minuten vorheizen: indirekte Hitze/Stufe 2 (etwa 220–240 °C)/großer Brenner/geschlossener Deckel. Die Auberginenhälften mit der Schrittfläche nach oben 20 Minuten bei geschlossenem Deckel garen.

— Die Auberginen vom Grill nehmen und leicht abkühlen lassen. Mit einem Löffel das Fruchtfleisch herausheben und in einen hohen Rührbecher geben. Die Minze waschen, trocken schütteln und die Blätter abzupfen. Einige Blätter beiseitelegen. Die Minze und den Joghurt zur Aubergine hinzufügen und mit dem Stabmixer zu einem cremigen Dip pürieren. Mit Salz und Pfeffer abschmecken und in eine Schale geben. Mit Minzblättern, Öl und Joghurt garnieren und bis zum Servieren kühl stellen.

Steinpilz-Butter

FÜR CA. 150 G
ZUBEREITUNGSZEIT:
10 MINUTEN

HALTBARKEIT: 1 WOCHE IM KÜHLSCHRANK

- 10 g getrocknete Steinpilze
- ½ Sternanis
- 1 Knoblauchzehe
- 125 g Butter

— Die Steinpilze und den Sternanis in den Blitzhacker oder die Küchenmaschine geben und sehr fein mahlen. Den Knoblauch schälen, hinzufügen und ebenfalls sehr fein mahlen. Die zimmerwarme Butter und 1 TL Salz dazugeben und alles zu einer luftigen Buttercreme aufschlagen.

— In ein Glas oder ein kleines Schälchen füllen und in den Kühlschrank stellen. (Alternativ in eine Silikonform geben, im Kühlschrank fest werden lassen, herauslösen und in Butterbrotpapier einschlagen.) Bis zum Servieren kühl stellen.

Gegrillte Ananas-
SALSA

FÜR CA. 600 G
ZUBEREITUNGSZEIT:
25 MINUTEN

HALTBARKEIT: 1 WOCHE IM KÜHLSCHRANK

- ½ Ananas (ca. 600 g)
- 1 kleine rote Zwiebel
- 1 Tomate (200 g)
- ½ getrocknete Chilischote (alternativ frische Chilischote)
- 30 g Koriandergrün
- ½ Limette
- Salz
- 1 EL Olivenöl (10 ml)

– Die Ananas längs halbieren und den Strunk herausschneiden. Die Zwiebel schälen und fein würfeln. Die Tomate waschen, vierteln, entkernen und fein würfeln. Die Chilischote fein hacken (die frische Chilischote längs halbieren, entkernen, waschen und fein hacken). Den Koriander waschen, trocken schütteln, die Blätter abzupfen und grob hacken. Die Limette auspressen.

– Den Grill mit dem Grillrost 5 Minuten vorheizen: indirekte Hitze/Stufe 3 (etwa 320–350 °C)/großer Brenner/geschlossener Deckel. Die Ananas auf jeder Schnittseite jeweils 3 Minuten bei geschlossenem Deckel grillen. Dann die Ananas vom Grill nehmen, das Fruchtfleisch herauslösen und fein würfeln.

– Die Ananaswürfel in eine Schale geben, mit den restlichen Zutaten und ½ TL Salz vermischen. In eine Schale füllen und servieren.

TIPP: Die Salsa lässt sich gut vorbereiten und wird intensiver, wenn sie im Kühlschrank etwas ziehen kann. Den Koriander allerdings erst kurz vor dem Servieren verarbeiten und dazugeben.

Süßes

Gegrillter Pfirsich
MIT BASILIKUM-QUARK-CREME

**FÜR 4 PORTIONEN
ZUBEREITUNGSZEIT:
30 MINUTEN**

– 15 g Basilikum
– ½ Zitrone
– 25 ml Agavendicksaft
– 100 ml Sahne
– 250 g Magerquark
– 4 Pfirsiche

ZUBEHÖR:
– *gusseiserner Grillrost*

– Das Basilikum waschen und trocken schütteln, die Blätter abzupfen. Einige Blätter zum Garnieren beiseitelegen. Die Zitrone auspressen. Das Basilikum mit dem Zitronensaft und dem Agavendicksaft in eine Schüssel geben und mit dem Stabmixer glatt pürieren.

– Die Sahne in einen hohen Rührbecher geben und mit den Quirlen des Handrührgeräts steif schlagen. In einer Schüssel den Quark mit der Basilikummasse vermischen, die Sahne vorsichtig unterheben und kalt stellen.

– Den gusseisernen Rost auflegen und den Grill 10 Minuten vorheizen: indirekte Hitze/Stufe 3 (etwa 320–350 °C)/großer Brenner/geschlossener Deckel. Die Pfirsiche, waschen, halbieren und entkernen. Die Früchte mit der Schnittseite nach unten auf die Mitte des Rosts legen und bei direkter Hitze und geschlossenem Deckel von jeder Seite 2 Minuten grillen.

– Die Pfirsiche vom Grill nehmen und die Haut abziehen. Entweder lauwarm oder ausgekühlt auf Schälchen zusammen mit einer Nocke der Quarkcreme anrichten. Mit Basilikumblättern bestreuen und servieren.

Rhabarber-
TARTE

FÜR 6–8 PORTIONEN
ZUBEREITUNGSZEIT:
1 STUNDE

- 175 g kalte Butter
- 1 Ei
- 250 g Weizenmehl (Type 405)
- 225 g Rohrohrzucker
- 2 Messerspitzen gemahlene Vanille
- 250 g Rhabarber (alternativ säuerliche Äpfel, z.B. Boskoop)
- Salz

ZUBEHÖR:
- Aroma Pfanne

– Für den Teig die Butter würfeln. In eine große Schüssel 125 g Butter, Ei, Mehl, 50 g Zucker und Vanille geben und mit den Knethaken des Handrührgeräts zu einem glatten Mürbeteig verkneten. Dann den Teig mit den Händen zu einer Kugel formen, auf ein Backpapier legen und kreisrund etwas größer als den Pfannenboden der Aroma Pfanne etwa 1 cm dick ausrollen. Bis zur weiteren Verwendung im Kühlschrank kühl stellen.

– Den Rhabarber waschen, putzen und schräg in 4 cm lange Stücke schneiden. Die Aroma Pfanne auf den Grill stellen: indirekte Hitze/Stufe 3 (etwa 320–350 °C)/großer Brenner. Ein Drittel des restlichen Zuckers gleichmäßig in der Pfanne verteilen. Sobald dieser zu schmelzen beginnt, nach und nach weiteren Zucker über die geschmolzene Masse verteilen, bis der Zucker aufgebraucht ist. Dabei nicht rühren, damit sich keine Klümpchen bilden.

– Wenn der Zucker vollständig geschmolzen ist, die Hitze ausschalten und die Butterwürfel unter Rühren unter die Karamellmasse ziehen. Zum Schluss ½ TL Salz zugeben und den Rhabarber in der Pfanne verteilen.

– Den Grill wieder einschalten auf: indirekte Hitze/Stufe 1 (etwa 160–180 °C)/großer Brenner. Den Teig aus dem Kühlschrank nehmen und über den Rhabarber legen, an den Seiten leicht andrücken, sodass der Teig wie ein Deckel über dem Rhabarber liegt. Nun den Teig mit einer Gabel mehrere Male einstechen und die Aroma Pfanne mittig auf dem Rost platzieren. Die Tarte bei geschlossenem Deckel 20 Minuten backen. Dann auf eine Servierplatte stürzen (Vorsicht, Karamell läuft aus) und warm servieren.

TIPP: Zu der Rhabarber-Tarte passt sehr gut Vanilleeis.

Zimtschnecken

MIT SCHOKO

**FÜR 10 STÜCK
ZUBEREITUNGSZEIT:
50 MINUTEN +
5 STUNDEN RUHEZEIT +
1 STUNDE GEHZEIT**

FÜR DEN TEIG:
- 60 g kalte Butter
- 520 g Weizenmehl (Type 550)
- 50 g Zucker
- 25 g frische Hefe
- 2 Eier (Größe L)
- 10 g Salz
- ¼ l Milch

FÜR DIE FÜLLUNG:
- 100 g zimmerwarme Butter
- 60 g Zucker
- 1 gestr. TL Zimtpulver
- 1 gestr. TL gemahlener Kardamom
- 25 g stark entöltes Kakaopulver

ZUBEHÖR:
- Halbmond-Gourmet-Schale mit geschlossenem Boden

— Für den Teig die Butter in kleine Stücke schneiden. Das Mehl in eine Schüssel geben. Butter, Zucker und Hefe in kleinen Stücken sowie Eier, Salz und Milch hinzufügen. Die Masse mit den Knethaken des Handrührgeräts 10 Minuten zu einem glatten Teig verrühren. Dann den Teig mit den Händen zu einer Kugel formen und mit Frischhaltefolie abgedeckt 5 Stunden im Kühlschrank ruhen lassen.

— Die Zutaten für die Füllung in den Blitzhacker geben oder mit den Quirlen des Handrührgeräts luftig aufschlagen. Den Teig auf eine bemehlte Arbeitsfläche geben und mit dem Nudelholz zu einem Rechteck von 60 x 80 cm ausrollen. Mit einem Teigschaber die Füllung gleichmäßig auf dem Teig verteilen, am oberen breiten Rand etwa 1,5 cm frei lassen. Den Teig von unten nach oben eng zu einem Strang aufrollen. Die Teigrolle in 10 Stücke schneiden und mit den Schnittkanten nach oben in die Halbmond-Gourmet-Schale setzen. An einem warmen Ort mit Frischhaltefolie abgedeckt 1 Stunde gehen lassen.

— Den Grill mit dem Grillrost 10 Minuten vorheizen: indirekte Hitze/Stufe 1 (etwa 160–180 °C)/großer Brenner/geschlossener Deckel. Die Zimtschnecken bei geschlossenem Deckel 25–30 Minuten backen und am besten lauwarm servieren.

Apfelauflauf mit BAGUETTE UND KIRSCHEN

FÜR 4 PORTIONEN
ZUBEREITUNGSZEIT:
35 MINUTEN

- ½ Baguette (ca. 200 g)
- 1 Apfel
- 1 Glas Sauerkirschen (200 g Abtropfgewicht)
- 2 Eier
- 250 g Quark (20 %)
- 50 g Zucker
- 2 Messerspitzen gemahlene Vanille
- 25 g Butter

ZUBEHÖR:
- Halbmond-Gourmet-Schale mit geschlossenem Boden

– Das Baguette in etwa 2 cm große Stücke schneiden. Den Apfel waschen, vierteln, entkernen und in etwa 2 cm große Stücke schneiden. Die Sauerkirschen in ein Sieb abgießen und abtropfen lassen.

– Den Grill mit dem Grillrost 5 Minuten vorheizen: indirekte Hitze/Stufe 2 (etwa 220–240 °C)/großer Brenner/geschlossener Deckel. Eier, Quark, Zucker und Vanille in einen hohen Rührbecher geben und mit den Quirlen des Handrührgeräts vermengen.

– Die Halbmond-Gourmet-Schale mit Butter auspinseln. Das Brot in der Form verteilen. Den Apfel und die Kirschen darübergeben und mit der Quark-Ei-Masse übergießen. Die Hitze auf Stufe 1 (etwa 160–180 °C) reduzieren und den Auflauf in der Mitte des Grills bei geschlossenem Deckel 20–25 Minuten grillen, bis er eine goldbraune Kruste hat.

TIPP: Wenn mal wieder Baguette übrig bleibt, kann man daraus einen leckeren Nachtisch vom Grill zaubern.

Pfirsich-Himbeer-
KUCHEN AUS DEM DUTCH OVEN

**FÜR 9 PORTIONEN
ZUBEREITUNGSZEIT:
1 STUNDE 10 MINUTEN**

- 200 g weiche Butter
- 150 g Zucker
- 4 Eier
- 3 Messerspitzen gemahlene Vanille
- 1 Päckchen Backpulver
- Salz
- 1 TL Zitronensaft
- 200 g Mehl
- 100 g geröstete und gemahlene Mandeln
- 50 ml Himbeerlikör
- 4 Pfirsiche (ca. 350 g)
- 100 g Himbeeren (alternativ TK-Himbeeren)
- etwas Butter zum Einfetten
- etwas Puderzucker zum Bestäuben

ZUBEHÖR:
- Dutch Oven

— Butter und Zucker in eine große Schüssel geben und mit den Quirlen des Handrührgeräts 3–4 Minuten schaumig schlagen. Die Eier hinzufügen und dann Vanille, Backpulver, 1 Prise Salz, Zitronensaft, Mehl, Mandeln und Himbeerlikör dazugeben und alles gut verrühren.

— Den Grill mit dem Rost 5 Minuten vorheizen: indirekte Hitze/Stufe 3 (etwa 320–350 °C)/großer Brenner/geschlossener Deckel. Die Hitze auf Stufe 1 (etwa 160–180 °C) reduzieren. Die Pfirsiche waschen, halbieren und entkernen. Die Himbeeren vorsichtig waschen und in einem Sieb abtropfen lassen. Einige Himbeeren zum Garnieren beiseitelegen.

— Den Dutch Oven mit etwas Butter fetten, dann den Teig einfüllen und glatt streichen. Die Pfirsiche mit der Schnittfläche nach unten in den Teig legen und die Himbeeren außenrum verteilen. Den Deckel des Dutch Oven schließen und auf der Mitte des Grills 45–50 Minuten backen, bis der Kuchen gar ist (Stäbchenprobe). Den Kuchen etwas abkühlen lassen und auf Teller verteilen. Mit Puderzucker bestäuben, mit Himbeeren garnieren und servieren

Schoko-Erdnuss-Donuts

**FÜR 16 STÜCK
ZUBEREITUNGSZEIT:
1 STUNDE + 9 STUNDEN
GEHZEIT**

- 225 ml Vollmilch
- 50 g Zucker
- 10 g frische Hefe
- 100 g Butter
- 2 Eier (Größe L)
- 550 g Weizenmehl (Type 550)
- Salz
- etwas neutrales Öl zum Einfetten
- etwas Mehl für die Arbeitsfläche
- 100 g geröstete und gesalzene Erdnüsse
- 1 l Frittieröl
- 300 g Nougatschokolade
- 100 ml Sahne

ZUBEHÖR:

- Gourmet Check, Barbecue Wok mit Aufsatz

— In einem Topf Milch langsam auf 37 °C erwärmen (Gourmet Check), in eine große Schüssel geben und darin Zucker unter Rühren auflösen. Hefe dazugeben, darin auflösen und die Masse 5 Minuten ruhen lassen.

— In einem Topf Butter langsam schmelzen, aber nicht höher als 37 °C erhitzen. Butter und Eier zur Hefe-Milch-Mischung geben und gründlich miteinander vermengen. Mehl sowie ½ TL Salz hinzufügen und alles mit den Knethaken des Handrührgeräts in 5 Minuten zu einem geschmeidigen Teig kneten. Den Teig in eine zweite, leicht geölte Schüssel umfüllen und mit Frischhaltefolie abgedeckt für mindestens 8 Stunden (am besten über Nacht) gehen lassen.

— Den Teig auf eine bemehlte Arbeitsfläche geben und zu einer Rolle von etwa 6 cm Durchmesser formen. Diese mit einem Messer im Abstand von etwa 1,5 cm in Scheiben schneiden. Mit dem Finger ein Loch in die Mitte der Scheiben stechen und das Loch auf etwa 4 cm weiten. Auf leicht geölte Backpapiere legen und 1 Stunde bei Raumtemperatur gehen lassen. Für das Topping Erdnüsse grob hacken.

— Wok-Aufsatz und Wok auf den Trichter (Vulkanstellung) setzen, Frittieröl in den Wok füllen und den Grill etwa 10 Minuten vorheizen: direkte Hitze/Stufe 2 (etwa 220–240 °C)/großer Brenner/offener Deckel. Wenn das Öl eine Temperatur von 180 °C aufweist (Gourmet Check), 3 Donuts vorsichtig in das heiße Fett geben und 1–2 Minuten hellgelb frittieren, dann wenden und noch mal 1–2 Minuten frittieren. Donuts mit einer Schaumkelle aus dem Fett heben, auf ein mit Küchenpapier ausgelegtes Gitter geben und auskühlen lassen. Restliche Donuts ausbacken. (Wichtig: Temperatur ständig kontrollieren und gegebenenfalls auf Stufe 1 zurückschalten, sonst werden die Donuts trocken.)

— Für die Glasur in einer Metallschüssel die Nougatschokolade mit der Sahne über dem Wasserbad langsam (maximal 50 °C) schmelzen. Die Donuts mit der Oberseite in die Glasur tauchen, abtropfen lassen und auf ein Kuchengitter geben. Die Donuts mit den Erdnüssen bestreuen und auskühlen lassen.

Rezeptregister

A
Apfelauflauf mit Baguette und Kirschen 182
Apfel-Toast-Spieße mit Tofu 117
Aprikosen-Ketchup 169
Asia-Coleslaw 158
Asia-Lachs auf Zedernholz gegart 63
Auberginen-Dip mit Minze 170
Auberginen-Lasagne-Türmchen 162
Auberginen-Mango-Kartoffel-Spieße 128

B
Baguette mit Limetten-Chili-Parmesan-Butter 141
Baked Beans 150
Balsamico-Tomaten mit Feta 154
Barbecue-Ketchup 164
Beefribs mit Barbecu-Glaze 68
Blumenkohl-Masala-Hähnchen mit Gurkensalat 39
Blumenkohl-Winks 119
Brokkoli-Zucchini-Spieße mit Halloumi 99

C
Chicken Wings mit Limetten-Koriander-Marinade 41
Craft-Beer-Zwiebel-Schmorbraten 91
Currywurst 26

E
Entrecôte-Spieße mit Zwiebel und Pfirsich 54

F
Fächerzucchini mit Tomatenbutter 152
Flammkuchen mit Spargel und Parmaschinken 32
Forelle gefüllt mit Rhabarber und Lavendel 92
Frittierte Kartoffelspiralen
   mit Thymian-Zitronen-Salz 147
Frühlingsrollen aus dem Wok 52

G
Garnelen-Kohlrabi-Puffer 36
Garnelen von der Plancha-Grillplatte 73
Gefüllte Paprika mediterran 64
Gegrillte Ananas-Salsa 172
Gegrillte Avocado mit Birnen-Chutney 106
Gegrillter Pfirsich mit Basilikum-Quark-Creme 176
Gemüsepfanne provenzalische Art 157

H
Hähnchenbrust mit Mohn-Parmesan-Kruste 76
Hähnchen mit Cider-Kardamom 83
Hotdog italiano 46
Hotdog-Stockbrot 134

I
Indisch gefüllte Paprika mit Kichererbsen 127
Italienische Fenchel-Sellerie-Pfanne 100

K
Kartoffel-Lauch-Bacon-Burger mit Senf-Schmand-Sauce 45
Kartoffelsalat mit gegrillten Radieschen und Fenchel 160
Ketchup aus gerösteten Kirschtomaten 167
Knusprige Parmesan-Zitronen-Kartoffeln 142
Krustenbraten vom Rost 95
Kürbiscannelloni aus dem Dutch Oven 122

M
Mangold-Bulgur-Päckchen mit Feta 125
Maroni gegrillt 149

O
Ofenkäse mit Feige und Rosmarin 105
Oliven-Focaccia 137
Orangen-Oliven-Ente vom Rost 87
Orientalische Hackröllchen mit Dattel 35
Orientalisch gefüllter Rinderbraten 84

P
Pfirsich-Himbeer-Kuchen aus dem Dutch Oven 185
Pitataschen mit Fetacreme und gegrilltem Gemüse 28
Pizza mit Tomaten, Apfel und Roastbeef 31
Polenta-Pekan-Pommes 144
Porterhouse-Steak mit Gin-Aprikosen 70
Pulled Pork vom Wildschwein 88

Q
Quesadilla mit Hühnchen und Mangold 49

R
Rhabarber-Spargel-Pfanne 113
Rhabarber-Tarte 178

S
Schoko-Erdnuss-Donuts 187
Schupfnudelpfanne mit Lauch, Birnen & Gorgonzola 120
Shephard's Pie vegetarisch 110
Steinpilz-Butter 170
Süßkartoffel-Kokos-Curry-Pfanne 102

T
Tex-Mex-Pfanne mit Tortilla-Chips 51
Thunfischsteak mit Gomasio und Birne 75
Tomatenstockbrot 132

U
Ungarisches Gulasch aus dem Dutch Oven 67

V
Vegetarische Brezel-Bulette 109
Veggie-Burger mit Roter Bete & Spinat .... 42f.

W
Walnuss-Weizenvollkornbrot aus dem Dutch Oven 139
Weißwurst-Saltmbocca 160
Würziges Rinderfilet 79

Z
Zander mit Tomatenkruste 59
Zimtschnecken mit Schoko 181
Zuckermais mit Kaffee-Haselnuss-Glasur 114

Sachregister

B
Barbecue 10
Barbecue Wok 14
Beefribs 21
Braten auf dem Grill 19
Burger grillen 18
Burgerpresse 15

D
Dutch Oven 15

F
Fisch 20
   - grillen 20

G
Geflügel 20
   - grillen 20
Gemüse 22

Grill
direktes .... 16f.
Elektro 11
Gas 10
geschlossener 10
indirektes .... 16f.
Kohle 10
offener 10
Grillbürste 13
Grillhandschuhe aus Leder oder Baumwolle .. 12
Grillschale 13

H
Holzplanke 15
Hygiene 23

Hitze
direkte 17
indirekte 17

M
Marinade 22
Meeresfrüchte 20, 22

P
Pizzastein 14
Plancha-Platte 14
Pulled Pork 22

R
Räucherbox 15, 17
Räucherchips 15, 17
Räuchern 17
Rind und Kalb 18
Rubs 22

S
Saucen 22
Schwein 21

Sicherheit 23

Spareribs
   - grillen 21
Spieße .... 12f.

Steaks
   - grillen 13

T
Thermometer 13

U
Universal Rack 15

W
Wender 12

Z
Zange 12

Über die Autoren

Sarah Schocke (M.Sc.), Ökotrophologin, arbeitete mehrere Jahre als Redakteurin für einen führenden, deutschen Ratgeberverlag, bevor sie sich als Fachjournalistin und Buchautorin mit dem Schwerpunkt Ernährung und Genussküche selbstständig machte. Sie engagiert sich im Ernährungsrat Frankfurt und bloggt gemeinsam mit Alexander Dölle unter www.ganzundgarsaisonal.de.

Alexander Dölle (M.Sc.), ebenfalls Ökotrophologe, kocht mit Leidenschaft in jeder freien Minute – mit Fleisch und auch ohne. Er betreut zudem die Rezeptwelt eines führenden Bio-Unternehmens.

Das Bestsellerautoren-Paar wurde mehrfach mit der GAD-Silbermedaille ausgezeichnet, veröffentlichte zahlreiche, erfolgreiche Kochbücher, gibt Coachings und leitet Kochevents. Sie leben mit ihren zwei gemeinsamen Kindern in Frankfurt am Main.

Impressum

1. AUFLAGE 2019

© 2019 by Südwest Verlag, einem Unternehmen der Verlagsgruppe Random House GmbH, Neumarkter Straße 28, 81673 München

HINWEIS

Alle Rechte vorbehalten. Vollständige oder auszugsweise Reproduktion, gleich welcher Form (Fotokopie, Mikrofilm, elektronische Datenverarbeitung oder durch andere Verfahren), Vervielfältigung, Weitergabe von Vervielfältigungen nur mit schriftlicher Genehmigung des Verlags.

Hinweis: Das vorliegende Buch ist sorgfältig erarbeitet worden. Dennoch erfolgen alle Angaben ohne Gewähr. Weder Autorin noch Verlag können für eventuelle Nachteile oder Schäden, die aus den im Buch gegebenen Hinweisen resultieren, eine Haftung übernehmen.

Sollte diese Publikation Links auf Webseiten Dritter enthalten, so übernehmen wir für deren Inhalte keine Haftung, da wir uns diese nicht zu eigen machen, sondern lediglich auf deren Stand zum Zeitpunkt der Erstveröffentlichung verweisen.

Dieses Buch entstand in Kooperation mit der Outdoorchef AG, Eggbühlstrasse 28, CH-8050 Zürich.

BILDNACHWEIS: alle Fotos von Alexander Walter

PROJEKTLEITUNG: Katharina Schrott

REDAKTION: Eva Dotterweich (www.textatelier-dotterweich.de)

KORREKTORAT: Susanne Schneider

SATZ, LAYOUT UND UMSCHLAGGESTALTUNG: OH, JA! (www.oh-ja.com)

REPRODUKTION: Mohn Media Mohndruck GmbH, Gütersloh

DRUCK UND VERARBEITUNG: DZS Grafik d.o.o., Ljubljana

PRINTED IN Slovenia

Verlagsgruppe Random House FSC® N001967

ISBN 978-3-517-09790-9

www.suedwest-verlag.de